"教育与学习"
之于人

张超 ◎ 著

中国出版集团
中译出版社

图书在版编目（CIP）数据

"教育与学习"之于人/张超著. -- 北京：中译出版社，2024.9. -- ISBN 978-7-5001-8030-2

Ⅰ. G632.428

中国国家版本馆 CIP 数据核字第 2024QS5924 号

"教育与学习"之于人
"JIAOYU YU XUEXI" ZHI YU REN

出版发行：	中译出版社
地　　址：	北京市西城区新街口外大街 28 号普天德胜大厦主楼 4 层
邮　　编：	100088
电　　话：	010-68002876
电子邮箱：	book@ctph.com.cn
网　　址：	http://www.ctph.com.cn

责任编辑：张　旭

印　　刷：	山东新华印务有限公司
经　　销：	新华书店
规　　格：	710 毫米 ×1000 毫米　1/16
印　　张：	7
字　　数：	90 千字
版　　次：	2024 年 9 月第 1 版
印　　次：	2024 年 9 月第 1 次

ISBN 978-7-5001-8030-2　　　　定　价：68.00 元

版权所有　侵权必究

中 译 出 版 社

本书系北京市教育科学"十四五"规划2022年度优先关注课题"中小学课后服务提质增效研究"(立项编号：CGEA22006)的研究成果之一。

序 言

自从2019年出版《平台教育理念：寻找并成就属于自己的人生》以来，我的教育和学习实践都会有意无意地运用"平台教育理念"，因此，我又积累了不少零星点状的思考。恰逢2021年中共中央办公厅、国务院办公厅印发《关于进一步减轻义务教育阶段学生作业负担和校外培训负担的意见》，"双减"政策正式实施，让我的很多思考得以在更大的范围落地。借助学校的力量，我申请到了北京市教育科学"十四五"规划2022年度优先关注课题"中小学课后服务提质增效研究"（立项编号：CGEA22006），希望能够从"教育理念层面、学校组织层面、课程建立层面"三个角度做一些探索，为"课后服务提质增效"，让课后服务真正成为助力学生成长、发展的阵地，切实地做一些工作。

本书是课题研究中"教育理念层面"探索的一个小的研究成果，作为指向实践应用的行动研究，我们"理念层"的来源并非研究原创，而是通过"政策理解+理论学习+经验总结"获得的。国家的

"教育与学习"之于人

教育方针、法律法规、指导意见是基础教育实践的基石。"政策理解"帮助我们明确"培养什么人""怎样培养人"和"为谁培养人"等教育根本问题；教育是一项复杂的艺术，在这项艺术中"一千个观众眼中有一千个哈姆雷特"，这也正是教育的魅力所在，因此，"理论学习"对于构建实践的"理念层"是必不可少的，在对古今中外多元且丰富的教育思想进行学习之后，再结合现实的教育需求与要求，才能找到适切的教育理念指导我们的实践工作；作为在一线踏踏实实"做"教育的学校和老师，通过"经验总结"获得合用的教育教学理念是最为现实的途径，因此，很多一线学校、老师教育理念的构建都是在"政策理解+理论学习"的基础上，再通过实践的"经验总结"才最终完成的。

正是因为我们课题研究的"理念层"建构是针对具体工作的，所以，本书内容是以话题模式展现的。所有话题以《"教育与学习"之于人》进行统合，以示我们"教育与学习并重，教育理性主义与存在主义共举"的教育理念倾向；每一个具体话题都是相对独立的，读者朋友可以按顺序阅读，也可以根据自己的需要跳跃性地阅读。

本书中的话题都是来源于具体的教育实践，均为针对具体问题的教育思考，每一篇小文的字数尽量控制在2000字以内，以便于读者朋友们阅读。因为本书是具有一定理念基底的教育思考，难免有偏颇之处，期待朋友们批评、交流。

目 录

话题 1	平台教育理念简介	001
话题 2	升维	006
话题 3	学校（中学）	010
话题 4	论学习	015
话题 5	论能力	019
话题 6	论教育	021
话题 7	论专业	025
话题 8	论就业	029
话题 9	论人类差异性与多样性之根本原因	032
话题 10	关于使命感	035
话题 11	论学习能力	038
话题 12	了解规则、评价规则、达成规则	044
话题 13	格局、资源、规则制定者	047
话题 14	关于自主学习能力	051
话题 15	教育是为了经历，为了训练，还是为了避免犯错	055

话题 16	教育的虚幻与真实	058
话题 17	论"矫情"	060
话题 18	阅读：从"悦己"到"赏人"	063
话题 19	做题与做事	065
话题 20	从高考成绩反思培训行为	067
话题 21	高中学习节奏：用建造房子喻学习、复习与考试	069
话题 22	学习能力的基底层：阅读与表达	072
话题 23	"有前途"的基本素质	075
话题 24	从素质教育向素养教育进化	078
话题 25	教育的中观目标："一观、一能"	083
话题 26	实现中观教育目标所需的基本素质	086
话题 27	人要有"欲望自信"	088
话题 28	"律"之思	091
话题 29	培训与教育生态	093
话题 30	关于"自洽"	097
话题 31	教育的目的与教育现代化	100

话题 1　平台教育理念简介

大家可以把这一开篇看作本书的"理念层"基底，也可以把它理解为经过初步的"政策理解＋理论学习＋经验总结"之后，目前指导我具体教育实践工作的教育理念。

这个教育理念的名字叫作"平台教育理念"。

关于"平台教育理念"的思考发端于十余年前，经过我十余年的学习与探索，"平台教育理念"逐渐定型、成熟并发展成为一个指向"全人终身发展"的宏观教育理念。2019 年《平台教育理念：寻找并成就属于自己的人生》付梓出版。该书从哲学的维度，从人性、人生的角度，思考每一个人从出生到终老的教育规律，构建了具有普遍意义的"释放—创建—自省"教育实践模型，并对此模型进行较为系统的论证，将此模型命名为"平台教育"。

"平台教育理念"是基于对"促进每一个人的人生发展"的思考而提出的，也是以"促进整个民族、整个社会和整个世界的发展"为目标而设计的。"平台教育理念"认为，只有让每一个人在其一生中

"教育与学习"之于人

都有所发展，才能促进整个民族、整个社会和整个世界的发展。因此，无论怎样的教育理念和教育实施其核心都在于"人"。它以人的群体（如国家、民族）整体利益为目标，通过合理的设计，在适当的时间给予全面且适当的资源，以帮助每一个人合理运用所接触的资源，逐渐成长为既具有多层次自我认知又能够顾全整体利益选择自我行为模式的理性个体。从这个意义上来讲，现代教育者在教育实施过程中最应该注重的内容应该包括以下三项：明确群体（国家、民族）整体利益目标；在适当的时间段给予学习者全面且适当的资源；助力学习者利用资源通过释放、创建、自省等方式寻找并理解真正自我进而成长为顾全整体利益的理性个体，如图1-1所示。

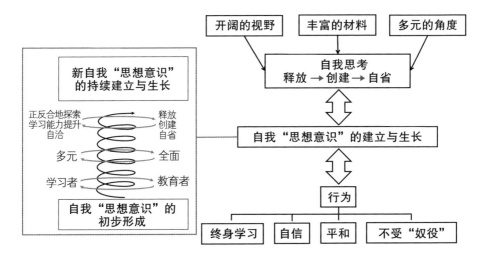

图1-1 "平台教育理念"框架

"平台教育理念"希望每一个人都能做真实的自己。每一个真实的个体作为教育者集合在一起就可以给学习者创设出一个个拓宽视野、增长智识的平台。在这些螺旋式上升的发展平台上,作为学习者的个体可以充分地感受教育、充分地释放自己,还可以得到足够宏阔、多元的用于自我创建的资源与支持。基于此,学习者会有足够的能力进行自我创建和自省,最终每一个学习者都将能成为平和、自信和不受"奴役"的个体。这样的个体将会有能力进一步选择、创新适合自我发展的平台,并在这些适宜的平台上继续发展,获得属于自己的幸福人生。如果社会中的每一个人都能经历这样的自我实现过程,那么,整个社会就会实现在群体中的"同一思想意识形态基础上的多样性选择",并以此为基础,促进社会不断进步,促使国家不断富强、民族不断前进、世界繁荣和平。

从教育的角度探究,社会中的每一个人其实既是学习者也是教育者。在大多数情况下,这两种听上去截然不同的角色是每一个人必备的"同时属性"。为了更好地成就属于每一个人的人生,"平台教育理念"特别注重学习者与教育者这两种角色对于一个人的价值。"平台教育理念"认为,每一个人在社会生活中首先是一个学习者,并且是"终身学习者";每一个人都需要足够的技能与思想、充分的实力和勇气来面对不断变化的世界。显然,理性的人一般会选择最为便利的方式,即从别人身上借鉴适宜的技能和思想,来增强自身的实力和勇气。这样的过程让每一个人都能通过学习在其生命的不同阶段有所斩获,从这个意义上来讲,每一个人都是学习者,这样的学习切实地关乎每一个人自身的生存与发展。与此同时,作为学习者的每一个人其实也是别人的示范,是别人的勇气来源。如此,于他人而言,学习

"教育与学习"之于人

者的角色又转化成为教育者。也正是在这样的学习者与教育者相互依存、互相转化的动态过程中,所有人一起推动了社会向前发展。每个人的个体智慧也都在这样的互动中不断地融入社会发展,成为社会向前发展的原动力。

"平台教育理念"主要针对以下重要问题做了解释和引导。

一、思想意识形态是"平台教育理念"关注的核心目标

对任何人而言,寻找到能够让自己认可、被自己选择、可以持续给予自己生命力的"信仰"都是至关重要的。"平台教育理念"认为,这个"信仰"就是每一个生命发展阶段中属于自我的"思想意识形态"。"平台教育理念"的核心目标就是希望通过"多""广""全"的教育,使得每一个人都有能力去寻找、去选择、去发现、去改造、去创新让自己信服的,可以给予自己力量的、属于自己且有益于人类进步的思想意识形态。

二、每一个人既是教育者也是学习者,学习能力的提升是教育与学习的真正关键

从教育的角度而言,每一个人本质上既是资源的提供者,也是资源的消费者;从人生维度来看,最终每一个人都会成为自己的资源提供者和资源消费者,即每一个人都既是教育者也是学习者。使每一个人都有能力拥有足够广度和深度的资源;使每一个人都能使用好所拥有的资源是"教育"与"学习"的共同关键所在。"平台教育理念"

认为，获取、选择、使用资源的能力本质上就是学习能力，因此说，学习能力的提升是教育与学习的真正关键。

三、释放、创建、自省是"平台教育理念"实施的基本策略

释放帮助每一个人发现真正的自我，创建帮助每一个人获取资源发展学习能力，自省让每一个人成为真正幸福的自己。这就是"平台教育理念"实施的基本策略。

四、通过不断经历促进每一个人的终身学习是"平台教育理念"的希冀

学习最重要的价值是经历，让整个人生不断经历、终身学习；让每一个人都能寻找到属于自己的幸福人生，这就是"平台教育理念"的希冀。

话题 2　升维

谈及教育与学习，价值、目标、方法等总是避无可避的话题，而且因为时代和谈论人的不同也会有各种各样的说法，但无论怎样，"人"作为教育与学习的核心都是不会改变的。

我始终认为教育与学习是"一体两面"的存在：站在教育者的角度，教育是一种供给和分享；站在学习者的角度，学习是一种接受与获得；而站在"人"的角度，无论对人对己，每个人其实既是教育者又是学习者，教育与学习本质上就是人成长过程中的一部分，且是不可分割的一部分。因此，本书使用了"教育（学习）"的形式进行题目的表达。

本节探讨"教育（学习）之于人"的本质价值问题。我思来想去，觉得"升维"这个词是最合适的，也就是说，在人的成长中，教育（学习）的核心价值在于促进人的升维。这里有必要对"维"做一下解读：一是指向思维能力（水平）。人之所以成为人，核心在于思想意识。个人思想意识的形成源于思维，无论是单一还是多元、是浅表还是深邃、是狭窄还是宏阔、是片面还是全面、是静止还是动态、是孤立还是辩证、是感性还是理性，抑或是感性理性相融……思维本身没有所谓好与不好，只有是否更适合、更包容、更自洽。能够让自己的思维更适合、更包容、更自洽就是思维能力（水平）不断提升的过程，就是思维能力（水平）的升维过程。二是指向个人需求。按照马斯洛的需求层次结构，从底部向上，分别为生理（食物和衣服）、安全（工作保障）、社交需求（友谊）、尊重和自我实现。随着教育与学习的持续深入、扩展，人的需求会自然而然地变得丰富、向上，最终达成五个层次全实现的目标。这个层次追求不断提升的过程，也是升维过程。三是指向人的整体维度，包括思想水平、意识状态、价值观念等，属于信仰层面的指标。随着思维能力（水平）的升维、个人需求的升维，人在整体维度上会得到永无止境的生长和提升。这样的生长和提升会给予人动力、力量和幸福，会让人拥有自洽、不惑的人生。

教育（学习）之于人的升维价值是无差别的。虽然受基因的影响，不同人的发育过程有区别，但对于每一个个体而言，教育和学习都是可以促进其在自己现有基础上无止境地升维的。随着见识的拓展、知识的增长、能力的增强、经历的丰富，人的思维能力和水平会在不知不觉中增强，人的需求层次也会越来越丰富，人的整体维度自然而然就提升了。虽然每个人的起点可能千差万别，终点也是各种各样，但成长过程和维度的提升过程都是一致的，教育与学习之于每个人的升维价值也是相同的，这应该就是孔子所谓"有教无类"的

"教育与学习"之于人

真谛。

教育（学习）之于人的升维不是一蹴而就的。借用比斯塔对教育功能的阐释，教育通常具有三个不同（但相关）的功能，即教育的资格化、社会化和主体化。资格化是向学习者提供知识、技能，帮助他们理解以及给予他们做事所需的判断倾向和判断方式；社会化是通过教育使之成为特定社会、文化和政治"秩序"的一部分；主体化是让人成为属于自我主体的过程。在我看来，资格化、社会化都属于"术"层面的教育（学习），主体化才是"道"层面的教育（学习）。我们所说的"升维"指向"道"的层面，但要想达到"道"的水平，必然需要经过资格化、社会化这些"术"层面的升维过程。因此，对于教育者而言，为学习者提供资格化、社会化层面的资源助力他们的学习是必需的。但在助力资格化、社会化升维的时候心中也要时刻明确每一个学习者主体化——"道"层面的需求，并给予他们适宜的关怀与支持。

作为教师，站在学校的立场，我认为教育（学习）支撑人的升维是需要科学化、精细化的设计与实施支撑的。当下家长、学生、教师的关注点过分地被分数牵引，虽然在当前社会评价的大背景下可以理解，但总有一种在汲汲营营中迷失了本真的感觉。大部分人因为把分数看得过重而选择了耗时耗力的重复性训练。不可否认的是，在同一个维度中，反复训练对分数的提升是有作用的，但必须注意的是，仅仅依靠耗时耗力的重复性训练是不能促进升维的。而反过来看，如果能够促进每一个学习者维度的提升（即升维），那么分数的提升自然不在话下。因为分数的提升仅仅是维度提升中一种显性指标化的副产品而已。带着这样的认知,我们就需要在学校中来一场关于教与学的革命,不是仅(紧)盯着分数,而是将眼界放开,关注分数背后的教育(学习)本真——通过教与学的科学化、精细化设计与实施,促进每一个学习者升维。

话题 3　学校（中学）

在上一个话题中，我们讨论了以升维作为教育与学习的本质价值。本篇从学校（中学）教育实践的角度，谈一谈如何科学化、精细化地对教与学进行设计和支持，进而助力学习者的不断升维。

学校作为教育（学习）的实施主体，促进每一个人（包括教育者，也包括学习者）的升维是其最为核心的价值所在。上一个话题提到，在现实环境中，要想实现学校最为核心的价值，就需要在学校中来一场关于教与学的革命，不是仅（紧）盯着分数，而是将眼界放开，关注分数背后的教育（学习）本真——通过教与学的科学化、精细化设计与实施，促进每一个学习者升维。

在讨论具体关注点之前，有必要对"不是仅（紧）盯着分数""教与学""科学化设计与实施""精细化设计与实施"这几个关键词做一些解释和说明。

关于"不是仅（紧）盯着分数"，这里排斥的是"唯分数论"。我的观点一是关注分数是有价值的，无论是作为对学生自我学习过程的判断，还是作为教师改进教学的依据都是有意义的。因为分数是维度的重要显性指标，如果我们关注学习者的升维，毫无疑问科学、精细、适用的量化指标是成本最低、最为显性的判断依据。二是我们更关注分数变化中"质"的改进，即由于学习者的升维所带来的分数提升，因为分数的提升仅是维度提升中一种显性指标化的副产品而已，换言之，教育的核心关注的并不是分数本身，而是分数背后的本质。三是人的发展是波动上升的，紧盯分数会给人以压迫感，智慧的教育是张弛有度的节奏把控；是丰富、精准、合时的供给与指导；是"承认人的发育、发展差异同时又笃信每个人的未来都在向着美好发展"的艺术，所以"仅（紧）盯着分数"的教育不是真正的教育。

关于"教与学"，这是学校教育的永恒主题之一，是学校教育实施核心的一体两面。我的理解是：促进"学"才是学校教育最优先的事项，让学生拥有终身学习的热情、能学会学的方法、敢于学习的勇气、自主学习的意识、善思创学的能力，是学校的本分。建设优秀的师资队伍也好，创造丰富的课程供给也好，采用多样化的教学方式也好……学校中的一切"教"其目标都是学习者的"学"。

关于"科学化设计与实施"，指的是学校中的每一项工作都应该是具有循证意识的实践，即应该是基于证据、基于规律、基于逻辑的设计与实施。即使是新的教育探索也要注重在经验积累的基础上进行理论概括、模型建构、证据收集，并持续基于循证进行改进。换句话说，就是要让我们的教育实施经得起推敲和琢磨，不能让教育实施成为头脑一热的简单运动。

关于"精细化设计与实施",指的是在学校具体工作实施时要以人为本、以理为体、以事为用。教育是一项复杂的互动式实践艺术,以人的成长作为核心目标,这就使得其实施过程必然充满变数。而学校作为现实中重要的教育实施主体,受国家和社会相对固定的教育期待的限制,必然有其相对固有的目标体系。教育的变数本质与学校相对固有的目标就形成了一对矛盾,调和这一对矛盾是需要教育智慧的,这种教育智慧的体现就是学校具体工作的"精细化设计与实施"。其包括:以人为本,时刻关注每一位学习者的成长,所有工作的核心都是促进学习者"普适性成长+个性化成长";以理为体,尊重科学、尊重证据、尊重逻辑、尊重规律,具体实践中的每一个细节都有理有据;以事为用,有共情能力,能设身处地地理解他人,在具体事务处理时能在充分沟通的基础上以人为本地关怀、以理为体地共识。

以下列出八点所有学校都可以进一步科学化、精细化设计与实施的常规事项。期待这八点提示可以引发更多老师的创造性思考,促进每一个学习者的升维。

第一,丰富完善的系统化育人育才素养教育体系。涵盖课程、教育、教学、评价多维度,涉猎基础学科、新兴学科、交叉学科等多学科、多场景、多方式。

第二,创建多层次、个性化、灵活开放的学习模式。为学习者提供丰富的学习机会和资源,提升学习意识、增强学习能力。

第三，建设具有无限生长能力的教师队伍。于学校而言，教师是学校的根基，是学校的命脉。一群充满热爱、蓬勃向上、无限生长的教师是学校的幸福源泉、是学生的幸福源泉，幸福的学生和学校，也会给予所有老师以更加幸福的支撑。

第四，形成以问题为导向、以研究为基础的理性思维。科学源于循证，精细源于理性，发现问题、研究问题、解决问题是学校不断提升的动力。

第五，形成充满人文关怀的学校治理制度体系。制度是学校顺畅运行的基础保障，人文关怀是学校发展的不竭能源。

第六，加强信息化建设，跟上时代步伐。信息革命的今天，学校必须跟上时代，用信息化助力教师高效地"教"、助力学生个性化地"学"、助力学校高水平发展。

第七，注重教育资源的融合与辐射。生存在开放的时代，就要有更加开阔的视野，用好学校、家庭、社会、国家、国际的资源，助力学生成长为"有自我棱角，有国际视野，促民族兴盛的中国人"。与此同时，也要将学校自身放到更广阔的时空中，为更多学生的成长做出无私的奉献。

第八，构建多层次、全过程、多形态的校园文化。将学校的教育哲学融入到校园中，形成潜移默化的文化。通过多形态的展现全过程影响学校中的每一个人，让不同维度、不同层次、不同需求的人都能感受到文化的熏陶。

对以上八点的展开讨论是我下一部论著的任务,有兴趣的朋友可以参考笔者探索"学校组织层面"的作品——《学校教育现代化建设》。

话题 4　论学习

本篇讨论的是有关学习价值的话题,希望文中观点使我们对"教育(学习)之于人"的问题有所启示。

我最近一段时间正在设计一个新的目录系统,想利用它把以前的资料做一番整理,因此,有机会重新看到自己多年来做过的一些事情。在整理之前,我对之前的自己是信心满满的,觉得自己十几年来做了很多很有价值、值得整理的事情,结果真的整理之后才发现原来自己是那么的浅陋、无知与自大。这个过程和这样的认知促使我反思自己的问题所在、反思自我的真实所想……这样的反思求索,让我认识到了学习的必要与价值,更给予了我重新学习的冲动。

在这样的背景下,我很希望能够记录下自己有关学习价值的所思所感,这也是下面这些文字的来源。

在我的思考中,学习,一言以蔽之,就是为了给自己不断增加"免于让自己的人生束手无策"的"选项"。人生的整个过程无非就是经历各种各样事情的过程,在这个过程中,遭遇各种问题显然是不

"教育与学习"之于人

可避免的。每一个人的人生其实都是在"面对这些问题，然后想办法一件一件地解决"中度过的，而几乎每一个问题（哪怕是最微不足道的）的解决都需要依靠个人的创造与抉择。那么，何谓创造？哪里来的抉择？又如何创造与抉择呢？任何时候，面对问题我们都希望从经验中获取帮助，如果经验中已经有现成的"选项"，那么直接抉择即可解决问题；如果经验中没有现成的"选项"，我们就会把与问题有关的现有"选项"进行重组和梳理，从而获取解决问题的灵感，最终在它的指引下解决问题。我们把这种利用相关"选项"获取灵感进而解决问题的过程称为创造。当然，在经历这样的创造后，在我们的脑中会自动生成一个新的"选项"，以备后续遇到类似问题时进行抉择或再创造。通过上述分析，我们不难看出，无论是创造还是抉择，在解决问题的过程中，我们都需要"选项"，"选项"越多、越丰富，我们解决问题的能力和效率就会越高，而各种"选项"的获得过程，就是学习。

细细想来，其实学习的过程就是一个个经历事情、面对和解决问题的过程。经历越丰富、涉猎的范围越广、思考得越深入，于个人来说，获得创造和抉择的机会就越多，自然，在这个过程中脑中能够生成的"选项"也就越来越多。对于有着广泛学习经历的人来说，无论遇到什么事情，他们都可以从容不迫地在自己脑中已有的众多"选项"中寻找、整合、创造出解决问题的办法，这些办法又会成为脑中更多、更有价值的"选项"，助力本就有着丰富"选项"的个人进入一种学习的良性循环中。相反，对于没有广泛学习经历的人而言，由于脑中缺乏足够丰富的"选项"，当遇到问题的时候，就只能或"别无选择、束手无策"，或运用单一、蹩脚、可能还不太适合的"选项"草草应付了事，这个过程不但于事无补，而且也不会在脑中生成有价值的新"选项"。因此，这个没有广泛学习经历的人会越来越捉襟见肘，难以应对生活中的问题，最终进入一个学习的恶性循环中。"选项"越少，能够创造和抉择的机会就越少，获得新"选项"的可能性就越小，从而导致脑中的"选项"持续减少……这也是为什么越善于学习的人越能快速进步、越不善于学习的人越会很快退步的原因。

就像遇到一条大河阻路却又希望过河的人一样，面对大河当前，对于一个既会游泳又能造船、驾船，既会修桥又善于沟通求助别人帮忙的人来说，这点困难简直不值一提，他们分分钟就可以在众多"选项"中找到或组合出最合理的解决办法。但面对同样的困难，如果某人脑中只有游泳一个"选项"，那么，他／她就别无选择，只能依靠游泳解决这个问题，相对脑中具有多个选项的人来说，虽然问题都能得到解决，但显然逊色不少。如果说前两个人还都能解决问题，那么，对于一个脑中没有任何"选项"的人来说，这个困难简直难如登天，也许他／她就只能停在河边"望河兴叹"，这样的束手无策更会造成他／她无法获得过河后的丰富经历和学习机会，使得他／她脑中的"选项"相比于别人变得更少……

那么，如何能够让自己顺利进入学习的良性循环中呢？答案是"交流"！学习，是需要交流的，交流的过程可以帮助我们脑中的"选项"成倍，甚至成几何倍数地增加，从而让我们快速进入学习的良性

"教育与学习"之于人

循环。保守、固执、自大、不愿交流的人,则往往由于自身的封闭,失去更多的实践机会和学习过程,最终将自己倒逼入学习的恶性循环而无法自拔。

学习,其最重要的价值其实是经历(包括遭遇问题、解决问题,也包括多多交流……),通过经历,增加自己脑中可用于解决问题的"选项"。生命不息,对于这些"选项"增多的需求就不会停歇,所以,学习是人生的必备品。学习的本质是经历,生活、生命的本质又何尝不是经历呢?生活与生命的经历,本质上就是学习,因此,以享受生活、享受生命的状态去享受学习应该成为我们每一个人的小信条。

最后,祝我们所有人学习愉快,生活顺畅,活出生命的精彩!

话题 5　论能力

最近不少人和我谈起学习能力提升的问题。我总觉得"能力"这个词给人一种"谁都能懂但又无法说明白"的感觉。所以，我想用下面的文字把自己所理解的能力做一表述，希望能起到抛砖引玉的作用。

我所理解的能力就是一句话："把手头的任务做好、做明白"。其中分为三个等级。

第一等级：能够接受任务，听从并理解任务授予方的步骤细节，按照步骤细节认真、努力、不折不扣地执行到位并达成任务目标。能达到以上标准，就可称为"把手头的任务做好、做明白"了。以学习为例，学生能够听明白老师所说的每一个细节，并且能够按照老师所说的每一个细节执行到位，这是一种具有学习能力的表现。

第二等级：能够接受任务，无须任务授予方提示步骤细节，自己就可以根据任务的目标与逻辑，结合自己所能调用的资源构建出适合自己执行的、合理的步骤细节，并能够按照这些步骤细节认真、努力、不折不扣地执行到位且最终达成任务目标。能达到以上标准，自然也就可以将其定义为"把手头的任务做好、做明白"了。以学习为例，学生接受老师布置的学习任务，根据老师所给任务的要求运用自己的方式完成学习的计划、组织和执行，并最终很好地达到了任务所要求的目标，这也是一种学习能力的表现。

第三等级：无须别人布置任务，按照自己的目标与需求为自己开发、设定任务。在此基础上，还可以根据任务目标协调各种资源建构出合理且可执行的步骤细节，并能够按照这些步骤细节认真、努力、不折不扣地执行到位，最终达成目标。能达成以上所说，毫无疑问就可以达到"把手头的任务做好、做明白"的标准了。还以学习为例，学生无须老师提醒就可以为自己安排学习任务，并能够依据任务要求运用自己的方式完成学习的计划、组织和执行，且最终达成目标，这更是一种具有学习能力的表现。

以上三个等级都强调任务细节、强调任务过程做好做明白、强调最终任务目标的达成，所以"把手头的任务做好、做明白"就是能力的具体指向。

如果连第一等级都达不到，就只能定义为"没有能力"。从第一等级开始可称为"有能力"，从第一等级到第二等级再到第三等级不断提升的过程就是能力提高的过程。自然学习能力的提升也遵循此道理。

话题 6　论教育

教育是什么？为什么要接受教育？这是我最近经常接触的问题。很多人迷茫于教育的目标，很多人抱怨教育的无效，还有很多人对教育产生了极度的不信任。

在本篇文章中，我将运用我所创立的"平台教育理念"来解释以上问题，希望对大家有所启示。

请允许我先来论述一下我所理解的教育是什么。

教育是一种目标性很强的活动，每个人、每个国家、每个社会都会涉及制定适于自身发展的教育目标。因此，不同的人对于教育目标的理解，可谓"仁者见仁，智者见智"。随着教育实践的深入，随着对教育理解的加深，我越来越觉得，在生存的基础上，人类思想意识形态对于人的生命价值来说才是最为重要的东西。基于这样的认识，我将"平台教育理念"的教育核心目标设定为通过对受教育者的思想意识形态进行改造和规定，最终使受教育者有能力自信地认同、改

"教育与学习"之于人

造、确立、创新自我的思想意识形态。

之所以把思想意识形态作为教育的核心目标,原因有三:其一,教育的原始意义就是对人性的规定和发展,通过教育可以使长期发展和积累下来的惯例、风俗、伦理、法律、思想、技能等得以代代传承并发展,使"社会公认的良心"得以不断地传承和发展。因此,代表"社会公认的良心"的思想意识形态自然而然地成为教育实施的技术和指导。其二,就人来说,人之所以成为"人",是体现在人的社会性,即人性中的,而人性的发展和完善的根本就是思想意识形态的改造和规定过程,也就是说,思想意识形态的改造和规定是发展完善人性的基本归宿点,也是教育目标的核心归宿点,说得更直白一些,教育就是为了使人成为"人"的实践活动。其三,无论是教育者还是受教育者,自我人性的建立和完善、自我思想意识形态的形成和发展都是建立在自我认同基础上的。也就是说,如果没有自我认同的过程,自我的人性就无法建立,自我的思想意识形态就无法发展,自然,人也就不能称为"人"。从这个意义上来讲,教育的目标也就不仅是对思想意识形态本身的规定、传授和改造,还需要通过教育过程使人能够自信地认同、改造、确立和创新自我的思想意识形态。

那么,教育过程应该怎样具体实施,才能达成"平台教育理念"所设定的教育目标呢?经过多年的教育实践和思考,我提出了以下的"平台教育理念"基本核心内容。

第一,"平台教育"是一种培养高素质人才的有效手段。在"平台教育理念"框架下培养的人才具备"思想丰富、思维多元、视野开阔、自信面对未来"等素质。平台教育的实施将分为两个阶段：基础教育阶段（0～24岁）和终身教育阶段（25岁以后直至终老）。

第二，在基础教育阶段，"平台教育"过程是由教育者设计的，教育者根据受教育者的年龄、受教育程度、相应教育目标，以及现实具有的教育条件，创建和设立一个个有发展梯度的平台。在每一个平台中，教育者为受教育者提供尽可能丰富的资源、尽可能全面的视野和尽可能多角度的思维模式。通过多维度、全学科的综合培养，确保受教育者有能力进入下一个更为广阔的平台中，通过基础教育所设立的平台发展，使得受教育者有能力、有自信地创建或选择适合自我完善的、更为广阔的平台进行发展。

第三，经过递进式基础教育阶段各个平台的教育，受教育者具备了足够的视野和自信，为自我的人生发展选择素材，搭建适宜自己的发展平台。在这个适合自己的、更加广阔、更加多元、更加个性化的平台中，每一个人既是教育者，也是受教育者，每一个人都可以根据自己的发展需求选择自我教育的素材，实现常行常新的终身教育。最后，在人生中的任意发展阶段，每一个人都能够有足够的视野面对多元的世界；每一个人都能够有足够的自信选择自我认同的思想意识形态，进而快乐地生存；每一个人都能够有足够的能力创建和选择适合自己发展的教育平台，通过终身学习，促使自己幸福地生活，并通过"每个个人自我之发展"，达成"促全民族、全世界之至善"的"平台教育理念"终极目标。

下面我再来简单描述一下我所理解的为什么要接受教育。

"教育与学习"之于人

依据"平台教育理念"所设想的教育目标,我认为,对于"人"来说,接受教育是为了让自己在不断反思、不断拓展的过程中,使自己有能力在任何时候、任何情况下都可以从多个角度认清自己,并通过自主的选择做自己想做的自己,这个真正的自我不但会让自己变得幸福,而且还会增添全人类的福祉。从这个教育愿景出发,我们就可以清楚地意识到,接受教育其实是为了让自己找到自我,并让自我不断地发展成为有价值的自己的过程。换言之,接受教育并最终变成享受教育应该是一个人主动的、积极的、具有强烈热情的冲动,这种冲动既来源于个体的人对于生活的热爱,更源于个体的人对于自我的好奇与探知。当我们每一个人都能够将教育本身视为生活的一部分、视为生命的一部分的时候,那么,无论教育如何进行,都将不再使人感到迷惑与彷徨,我们要努力地成长,期待那一天的到来。

话题 7　论专业

在这篇文章中,我想就学生对专业选择及学习的问题,谈一谈我的看法。

所谓专业,实际上是依据人们的生理、心理、生活的需求,结合社会时代的发展而规划出来的一系列学问体系。不同的人可以依据自己的不同天分、兴趣和需求选择相应的专业进行了解、理解、学习、研究和发展,并通过专业学问的学习,更好地认识自己、反思自己,建立自我认可的思维模式、逻辑体系、操作技能及思想意识形态。因此,在我看来,无论是从社会发展的角度,还是从个人人生发展的角度,对于任何一个人来说,其所需要的都应该是一个涵盖面广阔、由较大领域跨度组成的综合性专业体系,而不应该是简单的、"认死门儿"式的单一专业。专业之间具有相互支撑、互为补充的作用,任何所谓的专业都不是孤立存在的,即使希望在某一专业领域进行深入理解,这也需要涉猎更多的其他知识才能更加有效地达成。

任何专业都不是无源之水,在我看来,可以从两个角度来理

"教育与学习"之于人

解它。

第一个角度是，所谓不同的专业、不同的领域其实本质上是对同一个问题以不同的角度、不同的逻辑、不同的方式进行解决的过程。我曾经写过一篇名为"原来各个学科都可以被看作同源的"的文章，其中就曾提及，不同学科、不同专业其实都只是各自从不同的角度来解决"人为什么活着"这一根源性问题。哲学是从众多本源思考的起始点和归宿点来探索问题；神学是从虔信的角度来解决这个问题；经济学是从资源的角度看待这个问题；历史学是从人类发展规律的角度思考这个问题；生物学是从生命本身的角度探求这个问题；数学是从抽象和逻辑的角度追探这个问题；美学是从灵魂的角度感知这个问题……但无论是选用哪个角度、哪种逻辑、哪些方式，不同的专业、不同的学问都是在试图真正地解决这个问题，或者说试图真正地解决这个问题的一个方面。

第二个角度是，任何一个专业都可以使用跨学科、跨领域的逻辑和方式去进行理解和思考，并不一定拘泥于本专业的模式和框架，并且运用跨学科、跨领域的思维模式进行思考和探索时，往往会产生奇妙的触类旁通之感。我记得在学习管理学的时候，教授讲解的"官僚行政组织模式"让我想起了人体中的神经系统构成，就是这样一个跨学科的思维类比，让我一下子理解了这种组织模式的运作原理、利弊特征及适用范围，这样的跨学科、跨领域思考的过程，不但对我理解管理学大有裨益，反过来，对我进一步思考生物学的知识、现象和规律也是很有好处的。因此，真的想要把一个专业、一个领域思考理解得深入、透彻，丰富的跨学科知识、广博的跨领域视野也是必不可少的素质。

从这两个角度来看，我认为，人要想真的理解世界，进而可以在任何情况下都能坦然地面对自己，确实需要选择一个自己喜欢的专业，但同时需要在学习过程中不拘泥于自己的所谓专业，而是要尽可能多地涉猎，用各种不同专业的养料丰富自己，从而使自己有足够的能力面对任何情况下的自己。这样的学习过程才是选择专业学习的正确途径。

选择一个专业，对于一个人的学习来说，其实仅仅是一个起点和入口，而不是一个人的终点和全部。任何专业的学习，都会给人以不同的学习方法、知识框架和思考逻辑与角度，这些都很有价值。我相信，涉猎多种专业（学科）的学习，一定会让你拥有更为丰富的知识、更为开阔的视野、更为多元的角度和更为清晰多样的逻辑，运用这些能力，你就有足够的潜能让自己不断学习、不断思考、不断成长。经过各种不同专业养料滋润后的你，将有充分的自信面对任何情况下的自己，并自主地选择做自己想做的自己。这正是我们接受教育、进行人生学习的目的所在。

总而言之，关于专业的选择和学习，我的观点是：选择什么专业都是有价值的，并且在学习时既要让自己不拘泥于专业，又要让自己可以深入透彻地思考和研究自己的专业（在我看来，这二者是可以兼得的）。让自己变为"T"字形的人（通过广泛的学习和思考，让自己首先具有代表丰富且多元的"一"，然后在丰富多元的基础上自主选

择自己希望达成的、代表深入探索的"|",我认为这样的人才能够在未来的生活中幸福而不惑)。这样的专业选择和学习过程,才会为我们自己带来越来越有意思的生活。

话题 8　论就业

我是生物竞赛的教练老师,所以经常能够听到我的竞赛学生对于学习生物学专业的担忧。在他们看来,大学学习生物学专业意味着将来就业前途的渺茫(据说他们是因为在贴吧中看到了大量生物学专业的大学生抱怨没有工作可找,才产生了这样的担忧),针对孩子们的担心,我想谈一谈自己关于就业问题的看法。

在我看来,对于人的"人生生活"来说,就业是一个挺重要的组成部分。如果一个人能够在工作中找到自己的位置、发挥自己的特长、实现自己的价值,那么这样的工作不但可以使人有足够的经济财富以幸福地生活,还能够给人以足够的自信面对人生。

既然就业如此重要,下面我们就来谈一谈就业本身的问题。无论什么职业,对于我们个人来说,其实靠的都是本事。

本事的本质就是在任何情况下都能够找到真实的自己,选择出自己首肯的思想和方式面对相应的情况。这些本事的获得,要依靠自己丰富的知识和广博的视野,而丰富的知识和广博的视野则来自学习与

"教育与学习"之于人

教育。

从以上角度来看,在更大的范围内接受教育,才是具有本事和选择就业的前提。因此,我们可以这样说,无论什么专业,如果你真的有了本事,那么就业过程就是一个你自己主动选择的过程,是一个有自信、有能力寻找适合自己工作的过程。可以说,只要自己有想法,想做什么就可以成就什么。再说得明白一些,就是当你具有足够的本事以后,就业将不再成为问题,因为这样的你具有足够的自信和能力去选择自己希望完成的事情,也会通过自己的努力整合自己所需要的资源帮助自己完成想做的事情。因此,对于这样的你来说"想就什么业,业都会被顺理成章地轻松达成",而不会出现"不知所措地、被动地、被别人施舍就业"的现象。事实上我们也看到了这样的情况,以生物学专业为例,好的大学的生物学专业(可以提供更加丰富资源的学校),录取的学生本身水平就不错,再加上更加全面、广博的培养,这些好学校生物学专业出来的学生,因为自己有本事,所以很少有人会为工作发愁;但反过来,对于那些相对差一些的学校生物学专业出来的学生来说,由于本身学习习惯、学习能力相对较弱,再加上学校的培养也不够拓展,因此,他们就不具备认识自己、成就自己的本事。那么为就业、为工作发愁也就不足为怪了(我想,在贴吧中整天抱怨就业难的学生可能往往属于此类)。

总而言之,就业仅仅是生活的一部分,像生活中其他事情一样,也是需要用心、用本事面对的。希望大家有足够的信心和本事，找到自己所期望的工作，在这样的工作中找到自己的位置、发挥自己的特长、实现自己的价值。

话题9　论人类差异性与多样性之根本原因

在这个世界上,享有同一个种名的人却存在着千差万别。这种差异性和多样性成就了人类社会的"万紫千红",更为人类不断发展奠定了强大的基础。撇开人的肤色、种族、基因上的不同,我们不难发现人类真正的差异其实是来自人类个体层次思想意识形态的差异。鉴于这样的思考,我写下这篇关于"人类差异性与多样性之根本原因"的文章,就是想从人类思想层面的差异性和多样性上做些探索和讨论。本篇思考的基础完全来自我个人的"哲学观"和"整体论"体系,此观点也仅代表我个人的想法。

按照我自己"念想—折腾—人"的哲学观念,我认为,人类差异性与多样性产生的原因有三个。

一、不同人的念想不同

由于所处地理环境、风俗文化、生产力水平的不同,造成了处于小群体中的人视角、眼界和机会的不同,最终造成了个体人的"念想"的不同。虽然我认为,从整体论的角度来看,所有人的念想最终所追寻的都应该是共同的"天理"与"人性"[详细阐述见"论人类'整体论'(信仰)的建立过程"一文],但每一个正在向着自己最高"念想"奋勇前进的人类个体其路线、过程甚至每一步的方向都会是不同的。这样就造成了人类思想意识形态的各种不同,差异性与多样性也因之而产生。

二、"正反合"中不同人选取的所谓黄金分割点的不同

"中庸"也好,"二律背反"也罢,再加上"正反合"的辩证逻辑,我们发现,先贤大哲们早就已经把世界和人类运行的规律呈现在了我们的面前。可惜的是,他们只是告诉了我们规律性的方向,而没有告诉我们具体事物中的"正反合"特征,这样就给每一个人类个体都留下了一个亘古不变的课题——具体事物中"度"的把握。我们知道数学中黄金分割点的规律,可惜的是,针对每一个具体的"正反合"事物,我们却很难找到一个统一而标准的黄金分割点。正因如此,我们发现,不同的个人即使对同一具体事物进行处理和思考时,也存在着不同的"度"的拿捏。正是因为在一个个不同的"度"的体会中,不同的人走向了不同的思想方向,也因此使"念想"所造成的差异性与多样性更进一步。

"教育与学习"之于人

三、不同的人在"折腾"状态中,"正反合"上升过程的积累结果不同

最后说一说在我的哲学观念中,人对于人类差异性与多样性做出的贡献。人是处于生活中的人,生活中的一切都可以变为人思考的素材,运用这些素材建立属于自我的理性人生,才是关于人的核心内容。其中的各种"正""反""合"都需要每一个人自我参与、自己思考,使自己最终成为自我人生的开创者。在开创自我人生、建立自我哲学、追求自我整体性信仰的过程中,不同的人会出现不同的结果,这是因为在"折腾"的状态中,不同人在"正反合"上升过程的积累结果会有很大的不同。造成积累结果不同的原因至为复杂,影响因素也非常之多,在这里不做太多分析。但正是积累结果的不同最终造成了人类差异性与多样性的扩大化,使得人类差异性与多样性成为人类世界的基本特点。

在这个地球上,人只是生命的一种形式,我们完全没有必要要求每一个人都变得一样。因为人类差异性与多样性的存在以及人类思想上差异性与多样性的不断扩大,已经成为支撑人类社会不断可持续发展的基石。当然,人类思想差异性与多样性的扩大,还是应该控制在"正反合"的"度"的规律框架中,这样才不会让它成为人类自己的灾难。

话题 10　关于使命感

本篇谈谈使命感。

我谈论这个话题有三个方面的原因：其一，随着年龄的增长，我对世界的理解变得清晰化，原先觉得虚无缥缈的使命感越发清晰有力起来；其二，随着阅历的增加，我对人生的理解变得深入化，曾经觉得与我无关的使命感越发变得息息相关起来；其三，随着自我的不断升维，我对本质的理解变得多元化，曾经觉得只是用来"洗脑"的使命感越发变得既应然又实然起来。

我给使命感下个定义，其基本要素应包含以下几个。

一是使命感的本质是自我与世界的自洽；

二是达成自洽需要深入的思考与激烈的交融；

三是使命感是自我的，更是群体的。从功利主义角度，使命感是能促使自我与群体都达成最大幸福的；

四是使命感可以给予自我与群体持续的希望与动力。

总结而言，使命感是一种对自我与世界的自洽理解，它是个体经

"教育与学习"之于人

过深入思考和激烈交融后,形成的一种可以给予自我和群体持续动力的观念。使命感的本质是自我与世界的自洽,它可以帮助个体在面对世界时找到自己的位置,并为之努力。使命感不仅是个体的,也是群体的,它可以促使个体和群体都达成最大的幸福。使命感可以给予个体和群体持续的希望与动力,让他们在面对困难和挑战时,始终保持积极的态度和坚定的信念。

从以上定义思考,我们可以得出以下几个结论。

第一,使命感是需要培养、培育的。无论是对个人还是群体(如一个组织)来说,使命感的获得都不是自发而来的,而是需要思考、需要研讨、需要论证、需要认同,更需要宣讲、培训,最终达成共识(自我与世界的自洽、自我与群体的自洽、群体与世界的自洽)。

第二,使命感是在激烈的"交锋"中获得的。无论是自我与世界的自洽,还是自我与群体的自洽,抑或是群体与世界的自洽,都需要经历激烈的思想交锋。只有经历全面、深入、激烈交锋后达成的自洽性共识才更具意义,才能提供持久动力,这样的共识才是真正的使命感。

第三,使命感是需要转化为行动的。无法转化为行动的使命感只是空谈(或者叫作吹牛)。使命感是观念、是理解、是态度、是信念,更是目标、是行动、是做出来的成果。使命感给个人、给群体提供的持久希望与动力是用来行动的,是为了达成目的的。没有行动,达成不了目标的共识,无法促使个人和群体得到最大的幸福,自然也就不是真正的使命感。

所以，无论是个人还是组织（群体），都要努力发现、找到属于自己的使命感，然后行动起来，寻找、践行、达成使命感的过程会不断地为自己带来希望、提供动力、达成属于你自己的最大幸福……

话题 11 　论学习能力

谈谈学习能力。

作为"能够进行学习的各种能力和潜力的总和",学习能力可谓伴随生命生长、促进个体幸福的最本质、最核心的能力。

从生命生长的角度而言,"有效应对未来不确定的变化"无论是对生理的生长抑或是对心理的成长,都是关键中的关键。而应对"未来不确定的变化"是否积极、有效的核心在于学习。面对未知充满好奇而不是被恐惧吓退,勇敢试错并获得有效经验而不是畏首畏尾、退缩回避,愿意为了达成所愿尽力尝试去获取资源而不是消极以待、自怨自艾、怨天尤人……这一切都是生命生长过程中需要学习的能力,更是促进生命生长的学习能力的重要组成(好奇、勇敢、积极……)。

从个体幸福的角度而言,"拥有丰富、笃信的自我(世界观、人生观、价值观)"是核心中的核心,而获得"丰富、笃信的自我(世界观、人生观、价值观)"的关键在于学习。善意、广博地接纳而不是刚愎自用、自以为是;审慎、睿智地思考而不是轻易地在思想上被奴役；包容、笃定地信仰而不是尖刻地挑剔或犹疑地迷信……这一切都是获取、呵护幸福需要学习的能力，也是促进个人幸福的学习能力的重要组成（逻辑、批判、反思……）。

一言以蔽之，学习能力就是思维的持续改进。

无论是好奇、勇敢、积极，还是逻辑、批判、反思，抑或是悦纳、包容、笃信……一切学习能力都可以追溯到思维的维度，将学习能力看作一种持续改进的思维，可以帮助我们从更本质、更动态的角度对其进行理解。

一、学习能力源于思维

按照词典对学习的界定，可以把学习看作通过阅读、听讲、理解、思考、研究、实践等途径获得知识的过程。从狭义的角度看待学习，就是通过阅读、听讲、研究、观察、探索、创新、实验、实践等手段获得知识、提高认知或技能的过程，是一种使一个人可以得到持续变化（知识和技能，方法与过程，情感与价值的改善和升华）的行为方式。而从广义的角度理解学习，则可以把学习看作人在生活过程中，通过获得经验而产生的行为或行为潜能的相对持久的方式。从学习的定义不难看出，学习行为、学习方式、学习能力是一种"你中有我，我中有你"的伴生存在。人类作为智能生命之所以可以建立学习方式、拥有学习能力、践行学习行为，本质原因在于人类拥有思维。脑科学研究告诉我们，人类思维产生的本质是神经元之间"链接"（突触连接）的数量和秩序。自然，不同人的思维的差异（或者说学

"教育与学习"之于人

习能力的差异）也就源于神经元之间"链接"的数量和秩序的不同。从科学的角度，我们可以建立起这样一条影响学习能力的链条：神经元之间"链接"的数量和秩序→思维→学习能力。

二、学习能力可以通过思维的持续改进得到发展

从一般经验中，我们都有这样的感受：人的学习能力是动态的而非静态的，学习能力是可以通过培养持续改进的。事实也确实如此，研究表明，人的一生神经元之间"链接"的数量和秩序都是不断改变的，这样的改变与个体发育阶段相联系，更与环境的影响息息相关。从发育的角度看，人类总体的发育过程是趋同的，但具体到每个人的发育特点就有着很多细微的差异。也正因此，很多同龄的孩子（青春期发育之前），思维水平却有着不小的差异，但如果拓展到整个人生的维度，成年人思维水平的差异与发育的关系并不大，成年人思维水平的区别主要来自环境的影响。资源的丰富、刺激的频次、互动的效率、持续的时长……环境中的一切都可以通过人类的神经调节作用到大脑，在大脑与环境的互动过程中，神经元之间的"链接"会发生数量和秩序的改变，这种结构性的动态改变就是思维改进的基础，也是学习能力发展的本源。如果能够通过环境的持续刺激造成人脑神经元之间"链接"数量和秩序的持续改变，就可以促使思维持续改进，进而促进学习能力的持续发展。所以，学习能力可以通过思维的持续改进得到发展。

以上的分析，可以为教育带来很大启发。

话题11 论学习能力

第一，可以把"促进学习者学习能力的持续发展"作为教育的核心。本质上，教育的过程就是为学习者提供充分的环境，在这个环境中，学习者可以通过学习促进自身思维持续改进（即学习能力持续发展），进而促使学习者生命得到生长并有能力获得属于自己的幸福。

第二，学习者学习能力的持续发展是有其结构基础的，需要给予学习者足够的耐心，让其慢慢建立起适合自己的有效"链接"。教育过程切忌用现在胡乱推测未来，教育过程最不需要的就是急躁。

第三，学习者的学习能力发展路径都有其自身的特点。学习过程中完全没有必要进行无谓的比较，更不能一刀切地要求每一个学习者同时、同地达成一致。每一个人都是独特的存在（基因、环境、前期脑中有效"链接"建立基础的不同造成了这种独特），且同年龄的个体一定会存在自己不同的优势和劣势，因为任何一个人脑中有效"链接"的建立都是需要时间的。有些人将时间花在了 A 处"链接"的建立，而没有将时间分配给 B 处，那么其 A 处所指向的能力就会有优势，而 B 处所指向的能力就会不足；反过来，有些人将时间花在了 B 处"链接"的建立，而没有将时间分配给 A 处，那么其 B 处所指向的能力就会有优势，而 A 处所指向的能力就会不足。每一个人所展现出来的即时能力优势都是通过曾经的"链接"建立成本造就的。理解了这一点，可以促使教育者以平等的、发展的眼光来看待学习者。每一个学习者所展现的即时状态都是一过性的，都是不断发展中的一个小阶段。假以时日，待学习者脑中的有效"链接"建立得更加全面完善、更加多元有序时，其自然而然地也就成长和发展了，这个过程可

"教育与学习"之于人

以持续一生，完全不必要纠结于一时一刻。如果能够以这样的心态认识学习者，教育者也就不会焦虑和狂躁，而是平和地为学习者提供多样的资源和充分的信任，帮助其有目的地建立有效"链接"，带着期待和欣赏陪伴学习者慢慢成长。

第四，为学习者创设多样的适合其大脑建立有效"链接"的环境至关重要。神经元之间有效"链接"的建立是以突触结构为基础的，突触结构的数量、有序性、连接强度等都是有效性的重要保障。有证据表明，外界环境的刺激及有意识的反复练习都有助于突触结构的建立，这个结论为教育与教学的有效实施提供了新的方向和理论基础。从脑科学的角度认识教育和教学过程，其本质可以被看作有目的地为学习者提供环境刺激，促使学习者在相应环境中通过反复练习达成在脑中建立有效突触连接的过程。脑科学研究表明，这种学习过程中有效"链接"的建立是需要多脑区协同的，这也是教育者在教育教学过程中要为学习者提供"全面多样的教育资源"的原因所在。

最后，请允许我从教育具象到中学学校教育。

"怎样为学习者提供适宜其学习能力发展的环境"成为最为关键的问题。我们认为，面对具有差异化发育特点的中学生（未成年人），从以下七个方面助力其学习能力的提升，是可以尝试的方向。

一是建立完备的学校治理制度体系，为学习者提供促进其社会化发展的环境，助力其学习能力的提升。

二是构建以研究、创新为核心的学校学术氛围，为学习者提供拓展其理性思维发展的环境，助力其学习能力的提升。

三是多层次、全过程、多形态推进校园文化建设，为学习者提供助力其感性思维发展的环境，助力其学习能力的提升。

四是建设拥有学习力且充满热爱的专业教师队伍，为学习者提供确保其学业深度和广度均能得到有效发展的环境，助力其学习能力的提升。

五是建立系统化育人育才的素养教育体系（课程体系＋实践活动体系），为学习者提供促进其元学习能力与内驱力充分发展的环境，助力其终身学习能力的提升。

六是创建多层次、个性化、灵活开放的学习模式，为学习者提供基于其发育特点和个性需求的学习环境，助力其学习能力的提升。

七是注重教育资源的拓展、融合与辐射，为学习者提供助力其全面发展的资源体系（如国际视野、信息化支持、家—校—社资源），助力其学习能力的提升。

话题 12　了解规则、评价规则、达成规则

世界由规则创建！

我有意无意地扩大了自己的交际圈后,发现了一些很有意思的现象——面对同一个世界(同一个现象或同一个问题),不同群体的人从思考的起点到思考的过程再到思考的落点和结果都有很大的不同。

以"当今就业形势"的话题为例。

群体 1 观点:当今中国发展趋势处于上升期,虽有可能遇到困难,但在可见的未来内机会很多,前景广阔,就业、创业形势均不错,未来可期。

群体 2 观点:世界不够友好,中国基础薄弱,未来不确定性大,就业机会堪忧,未来收入预期较低。

群体 3 观点:工作不是很好找,不过如果不挑不拣也还能够找到一般的工作,但收入较低,未来预期低。

三个群体就同一个话题给出了三种很不一样的感受和态度,原因何在呢?思来想去,便有了本文的思考——了解规则、评价规则、达

话题12 了解规则、评价规则、达成规则

成规则。换言之，正是不同群体对于规则理解角度的差异，造就了不同的感受：群体3是典型的"被规则规定的人群"，此类人群掌握的资源量有限，无力对规则进行深入思考和评价，一般只能对眼前的事物进行规则范围内的评估；群体2是"有能力对规则进行评价的人群"，此类人群掌握少量资源，可以从现实角度对规则进行思考和分析，往往抱以批判的态度审视规则；群体1是"现行规则的顶层设计者或能够充分理解规则顶层设计原则的人群"，此类人群掌握的资源较丰富，可以从更多的维度和更高的角度思考规则的价值与运行策略，可以充分运用规则达成所愿，作为规则的制定者或充分参与、理解规则制定原则的人，此类人不但了解规则，而且可以更充分地评价规则（包括正面和负面），最终运用规则达成目标。

世界是多元的，事物是多面的，现实中有能力从更多的方向思考问题显然具有很大的价值。从规则的逻辑观察寰宇——"了解规则"可谓立足之本、"评价规则"可谓深入之源、"达成规则"可谓成全之体，如果能够在此基础上创新规则进而成为新规则的制定者，可谓止于至善。

规则的制定需要有大格局、大情怀、大视野、大能力。按照中国思维认知论域的习惯，应该具有天人合一、开阖宇宙的气魄，以此气魄设立规则，可称大哉；规则的运行需要有小关注、细落点、精操作、致关怀，按照中国思维史问论域的习惯，应该具有寓理于事、寓情于行的心思，以此心思运作规则，可称至哉。

带着这样的思考再来回顾一下不同的人群，回味一下规则之于不

同人群的价值，我们会忽然间变得通透：如果我们每个人都不断地通过增强自我的能力、开阔自我的视野、提升自我的格局，进而去追求成为规则的制定者，然后寻求更多的资源为更多的人创造美好，这很好；如果我们正处在仅能在一定范围内理解规则、评价规则的阶段，也不错，请继续努力；如果我们还处于只能了解规则的初级阶段，也不要急，继续加油就好……

祝愿每一个人，在自我的生命中不断成长！

话题 13　格局、资源、规则制定者

本篇讨论的是"人在现实世界中怎样不断实现自我突破,不断进行自我完善"的话题,我找到了三个既相互独立又相互关联的关键词:格局、资源、规则制定者,希望对朋友们有所启示。

一、格局最关键

此番思考对"格局的提升"有了一些更深入的理解。不单纯地聚焦在对事物认知范围的扩大,更落点在对事物前提条件、阈值特点的精深思考上。

人寻找、成就自我的过程是一个动态螺旋上升的过程。开阔的视野、广博的见识时常会让人们发现自我,发现自我的欣喜会为我们提供进一步前进上升的动力,但随着螺旋上升的继续、格局的提升,先前的自我认知慢慢地被甩到身后,在不知所措中新的提升会帮助我们发现另一个更为有潜力的自我……

积极的人终其一生都在做着以上的螺旋上升,没有所谓的终点,

"教育与学习"之于人

更无所谓羁绊,整个生命时长中任何节点都可以作为起点,整个生命周期内任何过程都是螺旋上升的组成部分;相反,消极的人生会将动态变为静态,会把某一时刻的自我发现作为永恒来看待。因此,伴随着格局缩小的"自大""自卑""酸葡萄"等就自然而然地产生了。

现在让我们把目光聚焦到积极的人时而出现的不知所措上。伴随着自我的螺旋式上升,在两个连续自我发现之间往往会出现不知所措的烦躁,产生此种现象的原因我把它归结为"格局提升的不完善"。格局的提升如果只关注于事物认知范围层面,那么往往只会带来视野的扩大与信息的丰富,但对人将这些内容内化为有效的养料滋养自我的快速发展并没有多大助益,最后只能依靠自我的慢慢消化达成新自我的发现,慢慢消化的过程往往伴随茫然不知所措的情形。如果能够在事物认知范围扩大的基础上进一步对事物的前提条件、阈值特点的精深思考,以保障扩大认知范围的同时还能够理解扩大的原因、依据及定义域范畴,那么就可以有效减少自我盲目消化的时间,从而帮助我们在螺旋上升过程中破除不知所措的状态。所以,现在我在理解"格局的提升"时,往往既会关注事物认知范围的扩大,又会思考事物的前提条件与阈值特点。

二、资源很重要

资源是提升格局的重要基础,而格局提升又是获取资源"质"与"量"的保障。

关于资源的"量",这一点比较容易理解,即资源的丰富度和数量，格局中的事物认知范围层次与之息息相关。认知范围的扩大自然而然带来了资源量的增多，资源量的增多也会更进一步促进认知范围的扩大，以此循环往复，生命中的资源增加着、人生中的格局扩大着……

有经验的人会发现，资源量的增多固然重要，但仅仅是"量"的增加对于人生格局的提升很多时候并没有多大意义。这就需要提到资源"质"的层面。所谓资源的"质"，简单地理解就是资源的质量，格局中的事物的前提条件与阈值特点层次与之相对应。对资源进行精确分析知其然知其所以然，可以从多个角度、多个层面对资源进行理解和整合。从而使资源在量的基础上得到质的提升，这样的资源获取与利用才是高质量的，才能够更好地为人生格局的提升服务。当然，想要对资源进行如此高质量的应用，就需要格局的提升与之相匹配，进入一种"资源提质—格局提档"相互促进的循环模式中。如此，则资源促格局、格局提资源的生态形成了。

三、成为规则制定者是目标

世界运行的基础是规则。人类社会的构建、个体生命的发展自然概莫能外，我们无时无刻不是在规则之内生存、延续。格局的提升本质上是对多元规则的理解、资源的拓展本质上是对具体规则的应用，因此，随着格局的提升、资源的拓展，自然而然地我们自身就会成为具有某些高屋建瓴能力的规则制定者。对于自我的发现、自我的建立、自我的成长而言，成为规则制定者，可以被看作一个很重要的

"教育与学习"之于人

目标。

不断提升格局、不断拓展资源、不断让自我螺旋上升的人成为规则制定者对于世界而言是会有贡献的。让规则促进世界的发展，而不是阻碍世界的运行，善莫大焉。

相对适时、适事、适人的规则无论是对世界还是对个人而言，都是有重大意义的。在合适的规则之下，资源可以变得更加博善、格局可以变得更加广致，在这样的生态中，每个人也就更容易拥有幸福自我。

当每个人都能够真正成为自我人生的规则制定者时，我想，那应该是很美妙的。

当世界的规则制定掌握在美妙的规则制定者手中时，我想，那应该是很理想的……

话题 14　关于自主学习能力

在前面的话题中,我们讨论过学习,讨论过能力,也讨论过学习能力。本篇特别把自主学习能力进行单独讨论,足见它之于教育、之于学习、之于人的重要性。

当下在教育界,培养学生的自主学习能力之说可谓响亮至极。在"中国知网"上,如果以自主学习能力作为关键词进行搜索,一下子就能跳出 18788 条相关结果,其热度可见一斑。

不过,虽然作为业内人士,但是在写此篇文字之前,如果有人问我"到底什么是自主学习能力",我可能也会一下子被这个整天挂在嘴边的耳熟能详的名词"绊倒"在地、哑口无言。自主学习能力的具体所指到底是什么呢?带着这样的疑问,我查阅了相关文献,现将一些入门级资料整理综述于此,以飨有疑问者。

我关于自主学习的研究得益于哲学和教育心理学等学科的发展。自 20 世纪 70 年代以来,受人本主义、建构主义、认知学习理论思潮的影响,教育工作者越发重视学生所具有的潜能和自我价值,重视学生学习的主体地位，强调教育应该促进学生潜能的发挥和普遍的自我实现。人本主义理论和认知学习理论的发展是自主学习理论形成的重要条件。关于自主学习，由于不同学派的学者视角不同，对其关注点也不同，所以目前关于它的定义众说纷纭。美国纽约大学教授齐默曼认为："如果学生的学习动机是内在的或自我激发的，学习方法是有计划或者经过练习达到自动化的，学习时间是定时而有效的，学生能够意识到学习结果，对学习过程做出自我监控，主动营造有利于学习的物质和社会环境，那么他的学习就是自主学习。"美国密执安大学的宾特里奇认为："自主学习是一种主动的、建构性的学习过程，在这个过程中，学习者首先要明确学习目标，接着监视、调控、主导由目标和情境特点引导和约束的认识、动机和行为。"总而言之，虽然关于自主学习的界定与具体实践指导仍然需要进行更加深入的研究，但是总体来看，到目前为止，关于"自主学习"的研究已经明显反映出教育朝着自主性、合作探究性发展的动向。

从自主学习的理论研究动向中我们可以发现，自主学习具有以下特点。

一是独立性。独立性体现在学习者独立自主进行相关的学习和研究上，学习者可以在任何场合进行独立自主的学习，自主选择学习方式、学习空间场所和时间，利用不同的社会和环境资源进行自主学习，促进自我发展。

二是策略性。自主学习并不是盲目地学习，而是一种有具体学习计划和明确的学习目的的学习方式。自主学习者通过学习策略的选择和实施，通过自主学习的方式，达到自己想要达到的学习预期结果。自主学习的策略性特点能帮助学习者提高学习效率，对学习者能力的发展具有极其重要的作用。

三是个体差异性。由于自主学习践行个体自身各方面能力因素的发展水平不尽相同，自主学习的结果也呈现出了差异性。各个学习个体采取不同的自主学习策略，在具体策略执行的过程中不同的行为表现也会造成自主学习结果的差异性。我们在培养学生自主学习能力的过程中，要密切关注学生发展的差异性，选择合适的自主学习教学策略，做到因材施教。

四是相对性。没有绝对意义上的自主学习，也没有绝对意义上的不自主学习。在学生的实际学习过程中，学生的学习会介于这二者之间。学生的学习在有些方面可能是自主的，而在有些方面则可能是不自主的，这就要求教育工作者在具体的教学过程中从实际出发，区分清楚学生在哪些方面是自主学习，哪些方面不是自主学习，然后对症下药，从不同的方面对学生进行自主学习能力的培养教学。

五是创造性。"创造性以探索和求新为特征，属于自主学习的最高层次。"教师在实际的教学过程中，注意引导和培养学生自主学习能力，能够促进学生创新能力的发展。在自主学习的过程中，学生不仅仅满足于已有的认知和知识体验，而是试图从不同的角度对知识进行探索，对学习方式进行思考，得到更适合自己的自主学习模式，培养自己的创造性思维，提高自身自主思考问题、解决问题的能力。教师应该为创造激发学生自主创新能力的情境而努力，鼓励学生大胆思考、勇于创新，做自己学习路上的主人翁。

　　自主学习的多层次特点决定了自主学习能力获得途径的多样性。首先，在课堂教学中，教师可以通过精心设计的导学案例对学生进行自主学习能力培养的针对性教学，令学生通过教师的引导和强调，学会使用学习策略和元认知策略。其次，如果教师在教学过程中忽略了对学生自主学习能力的针对性培养，学生也可以通过观察他人的学习获得一定程度上的自主学习能力。通过这种观察的过程，少部分学生能够模仿和掌握一些有效的自主学习方式。最后，学生可以利用环境和社会资源如参考资料、图书馆、计算机与网络来对自己进行自主学习的指导，以期掌握自主学习能力。虽然自主学习能力的获得途径多种多样，但是对于高中生这样的特殊人群而言，一方面课程紧压力大，根本没有充裕的时间进行自主学习的探究和试验，另一方面其元认知能力发展还不够完善，并不能积极自主使用学习策略，所以，在教学过程中，还是需要教师对学生进行自主学习能力培养的针对性训练。

　　以上是关于自主学习能力的定义、特点、获得途径的一些综合认识，资料来源于多篇硕士、博士学位论文及期刊文献。在此一并感谢，有兴趣的朋友可以通过《知网》搜索关键词进一步查阅原文献。

　　关于自主学习能力的理论和实践研究还在进一步发展中，希望研究者和实践者一起继续加油，让更多教育者和学习者受益。

话题 15　教育是为了经历，为了训练，还是为了避免犯错

我最近在琢磨逻辑学，所以，对教育的目的有了逻辑学方向的思考。从逻辑学的角度，教育的目的显然是"帮助人学会清晰地思考"。

"帮助人学会清晰地思考"需要怎样的教育过程呢？这就出现了标题中的疑问。

教育是为了经历吗？应该是吧。学问经历了千百年的积累，学习者需要直接或间接地经历，才能充分感受其中的奥妙，才能生发自我的思考，才能站在巨人的肩膀上继续仰望星空脚踏实地地前行；人生对于个人而言是一段时间不短的旅行，其中的美妙就是经历，在人生中，教育是众多经历的一个组成部分，教育的经历更是让人生拥有无限丰富可能的契机，如此，教育与人生通过经历的连接水乳交融于一体。在经历中，人的思考逐渐全面和完善起来，在经历中，人的思考慢慢变得清晰且有序起来，经历帮助人学会了清晰地思考。

教育是为了训练吗？好像也是的。生活就是一件事一件事地集

"教育与学习"之于人

合,每一件事都需要人去做,人在做事时是需要技巧和经验的,显然,技巧和经验无法凭空产生,需要依赖训练,教育恰恰为这样的训练提供了基础;人的成长也是要经过训练的,就像脑科学所认为的,脑中突触连接的数量增加与秩序修整是需要依赖于外界的刺激和训练过程的,作为智能生命的人类,需要通过教育的过程进行训练,以让自己有能力应对成长过程中面对的纷繁世界;人类始终追求探索自由,追求探索自己现实无法达成的想象,在追求与探索中,人类可以不羁地寻找无限,但由于生命特性的制约,又无法突破某些特有的限制,如此,人类不得不学会"在无限与限制的中间寻找最适的黄金段",寻找"最适"更是需要训练的,通过训练让自己在不羁的无限与无奈的限制中找到属于自己的"最适",这也许就是教育训练的价值吧。在训练中,人的思考逐渐变得有的放矢;在训练中,人的思考慢慢变得有据可循。训练,帮助人学会清晰地思考。

教育是为了避免犯错吗?好像是,又好像不是。过日子也好,做事情也罢,避免犯错,让自己更能轻松地应对生活中的种种,显然是每一个人所愿,更是教育的价值所在。因此,从这样的角度思考,教育显然是希望人学会避免犯错的。不过,进一步思考,在教育的过程中,如何能够让人学会避免犯错呢?毋庸置疑,就是让人在教育的过程中充分地试错,通过不断的"犯错—反思—改进—再犯错—再反思—再改进……"试错过程,让人尽可能地把各种错误都犯一犯,进而帮助人获得清晰思考与纠正改进的能力,以应对未来复杂生活中的种种。从这个角度来看,教育虽然是为了人最终尽可能地避免犯错,但是教育的过程不但不应该避免犯错,而且应该给予充分的犯错机会。在犯错中,人的思考才能逐渐警觉起来;在犯错中,人的思考才能慢慢精细起来。犯错,是可以帮助人学会清晰地思考的。

让我们放开眼界,把教育的过程拓宽到整个人生的终身教育视野,经历、训练、犯错就应该是伴随我们一生的财富。在经历、训练、犯错的过程中,我们才有机会持续关注自己思维的改进,我们的思考也会因此变得越来越清晰。

话题 16　教育的虚幻与真实

　　本篇是我写于 2021 年的一篇读后感，所读书名为《贫穷的本质》。读后我虽然没有对贫穷与财富有太深的理解，却对教育有了一些思考，因此，以"教育的虚幻与真实"为题，希望能给朋友们一些启示。

　　就像"贫穷陷阱"很多是人为创设的一样，教育的虚幻面也体现在"人为想象式的规定"上：分数、排名、名校……一系列当下的指标硬生生地与个人未来的人生发展强行建立起联系，创设出一张无形的压力大网，将几乎所有人囊括其中无法自拔。在这样人为限定的教育生态中，虚幻的指标变为人们追逐的功利，舍本逐末式的想象规定让不少人逐步失去了学习的乐趣，原本是为人生发展高效助力的教育，距离其本真也渐行渐远……

　　教育当然是有其真实一面的，即使是从"人为想象式的规定"角度思考，教育带给人类的促进价值也是足够真实的。教育为学习提供了资源和方向：于个人而言，在以"经历"为基本活动的生命过程中，教育为人生提供了更多元的选项和更广阔的可能，教育生态的多样性为每个人找到属于自我的幸福人生创造了真正可实现的机会；于群体而论，在以"发展"为基础前提的进化过程中，思想的飞跃、技术的革新、社会的进步，无一不依赖于以教育为基本方式的人类智能传承与创新。教育的真实毋庸置疑。

教育虚幻与真实并存的状态为每个人提供了一个可供选择的空间。如果运用得当，在这个空间中，个体应该能够获得充分的释放，应该能够获得足够的创建，更应该能够完成属于自我的自省（关于"释放—创建—自省"的论述详见《平台教育理念：寻找并成就属于自己的人生》一书）。如此看来，虚幻与真实交融的教育，本身无可厚非，更应该深入探讨的也许是如何运用好这种虚幻与真实吧。

以此推理，下一步的课题应该是：如何对教育的虚幻与真实加以研究和利用，使其更好地帮助个体找到真实幸福的自我、帮助群体找到持续发展的路径。如此宏而阔、细而微的课题想想就已让人足够兴奋了。

话题 17 论"矫情"

本篇虽然是写于 2018 年的旧文,但是因为旨在解决 10 岁孩子的真实问题,自觉与标题"'教育与学习'之于人"很是贴切,所以拿出来放在此处,希望能给朋友们一些启示。

最近,孩子总是抱怨别人有什么什么问题、自己如何如何正确,总是觉得自己最有理,很多时候根本就不从自己的身上找问题,而是把一切错误都推给别人,甚至还会因此和别人理论、争吵、哭闹……面对孩子这样的表现,我有了下面的思考,希望能够帮助孩子慢慢地平和下来,从自己的身上出发去寻找问题的原因与合理的解决之道。

随着孩子的成长,能力越来越强的他/她也变得越来越敏感,更多的时候表现为:由于习惯性地"宽以待己,严以待人"而造成总"觉得自己委屈,事事都是别人的毛病"。用北京话来说,这就叫作"矫情"。

"矫情"者总会用"有罪推论"的方式看待人与事。比如,一旦有什么事情没有达到自己心中的标准,我们就会自然地认为"这个

话题 17 论"矫情"

人是犯了错误的,他/她是有罪的,是因为他/她的罪过才没有让本来极致的事物发挥出其本来的状态,是不可原谅的",这样的思想潜移默化地控制着我们,让我们在问题发生的时候产生"抱怨",产生"不原谅的怒气",产生"自我的逃避"……这或许也就是我们总是那么"矫情"的原因。

辩证地来看,"矫情"可能会让我们在物质发展上更加有效(毕竟我们是在不断追求极致的,在追求极致的过程中,我们会不断努力、不断创新、不断发展),但在精神体验上,"矫情"则会给我们带来不小的挑战。从过日子的角度想,我们应该让"矫情"离我们远一些,因为"矫情"给我们生活带来的附加伤害可谓比比皆是:人与人之间的不信任、面对困难时的不平和与极度焦虑、毫无来由的乱嫉妒、漫无目的的瞎猜疑,再加上火急火燎的争吵、自私自利的争抢、不管不顾的争执……无不出自"矫情"此君之手笔。

面对"矫情",我们应该如何做呢?

东方文化背景下成长起来的我们,在诸如"害人之心不可有,防人之心不可无"等道理的灌输下,不自觉地将自己装到了一个"心理保护套"中,处处想着"防"别人之"罪",却很少反思自己之"错"。每每都以"吾无害人之心"自居,即便有"过"也总是以"无心"搪塞了之,几乎从不深入反省。在这样堂而皇之的"防"与怨天尤人的"害"中,我们变得越来越"矫情",不只是孩子,就连大人也如此。试想,如果我们每个人都能认真思考如何才能做到没有"害人"之心,进而达成没有"害人"之行为,那么又何"防"之有呢?

所以，真的想解决"矫情"的问题，还要认真地在"害人之心不可有"这半句话上做文章才行，最终达到每个人都能"严于律己，宽以待人"，那么所谓的"防人之心"也就不用再提及了。"防人之心"消失之时也许就是"矫情"状况被消灭之日。

话题 18　阅读：从"悦己"到"赏人"

本篇写于 2020 年 9 月，内容指向"阅读"，但我并不想用文字说教一些阅读的方法，而是想和朋友们分享一下阅读的心境，如果顺带着能给朋友们一些启示，那就再好不过了。

相对有意识地系统化阅读已有 9 年，从初始的"片字难入眼"，到慢慢地"入眼不入心"，再到"入心无启思""有思难启齿"，进而到了现在的"心能言，思可达"，这个过程让我获益良多。

反观曾经的阅读旅程，我突然对阅读有了一些新的认识，总结而言就是标题所述——阅读：从"悦己"到"赏人"……

细细回忆，31 岁起"沉心静气、持之以恒地捧书伏案"的初始原因好像是为了赌气、吹牛、炫耀，可谓一种初级且典型的"悦己"冲动，将自己置于好像"文化人"的情景中，无比光荣的样子……

书是好东西，真的读到质变的时候，初级的"悦己"冲动也就慢慢转化成了较为进步的"悦己"感受——"探索六经注我式的笃信自我"。

这个层次的"悦己"可以让自我博识宏达；这个层次的"悦己"可以给予自我视野与格局；这个层次的"悦己"可以为自我提供充分且实在的自信。发现自我、探索自我、充实自我、悦纳自我、获得自我的笃信、求证自我的笃信……一系列阅读中的"悦己"过程，让曾经那个在赌气、吹牛、炫耀中欢喜无比的自己蜕变为热情充盈、平静恬淡、做人有法、处世有章的翩翩自我。

本以为"悦己"到拥有笃信自我时应该是阅读的极致，没想到当阅读成为生活中一种不可或缺的习惯时，进步仍然在持续……

我的阅读经验告诉我，"悦己"的下一个阶段是"赏人"。当平和自信的自我继续捧起书时，自己的心、思、言、达就不再是自我关注的焦点，而是化作一个宽厚的底盘。在这个底盘上，作品的风格成了被欣赏的对象、作者的底蕴成了被欣赏的对象、字里行间中的跳脱成了被欣赏的对象、情节中的急转成了被欣赏的对象、人物的悲欢成了被欣赏的对象、文字背后的意长也成了被欣赏的对象……在欣赏中，作者、作品、文字、人生，一切都化作了铿锵的音符，一切都幻作了华彩的画卷，饱满且充盈，缓缓地，饱满与充盈自然地融入了底盘，让整个底盘变得更加磅礴厚重……当"赏人"与"悦己"成为一个有机整体时，世界就变成了另一番光华美妙的景象……

我感受着从"悦己"到"赏人"带给我的欣喜，慢慢陷入深思：继续阅读，下一站会有怎样的惊喜？

于是，我充满期待地轻轻捧起手边的书……

话题 19　做题与做事

偶得一个有意思的问题:"刷题"对成长、对人生有什么价值？

为了解决这个有意思的问题，请允许我用"做题与做事"为题略作分析。我的逻辑是：人生的价值与意义都在一点一滴的经历中，在时间的长河里，每个人就是在做着一件又一件的事情，在做事中经历、成长、享受属于自己的人生。如果把学生时代的做题看作对未来做事的演练，甚至把做题本身就看作自我人生经历的另外一种形式，看作一种做事经历和成长过程，那么"刷题"就可以找到对标成长、对标人生的价值了。

"把学生时代的做题看作对未来做事的演练"是有意义的思考。做题与做事都要讲求态度、讲求方法、讲求效益、讲求角度、讲求逻辑、讲求精益求精、讲求有所收获、讲求再做能够更好、讲求获得经验迁移他事（题）……细细品，学生时代通过做题获得的品质确实对长大后做事时的态度颇有影响。有些人做题求量不求质，欠缺反思，同类型的题目做了多遍还不能得其精。试想，这样的状态如果不做改

"教育与学习"之于人

变,长大后做事必然会造成件件事儿不得要领,漏洞百出。即使是自己相对熟悉的工作都无法保证万无一失;相反,一个人如果做题时就能精心细致,深入思考,注意联系与迁移,有秩序地将每一个题目都参透悟到,相信这样的品质保持到长大后的做事上,也会井井有条,认真到位,快速成长为相关领域的高手。

"把做题本身看作自我人生经历的另外一种形式,看作一种做事经历和成长过程"是更有价值的思考。人生百年,每一个阶段的经历都是宝贵的,每一个阶段的点滴都是成长,学生时代做题是经历、是成长,长大后的做事亦是。从经历和成长的角度思考做题、做事会让我们变得豁达起来:不用和别人比较,也不必在意一考(城)一测(地)的得失,一题(事)的不利没关系,勇敢面对,从头再来,用一种动态、发展的眼光看待做题、做事,让自己在一道(件)题(事)、一道(件)题(事)的经历中慢慢感受、慢慢改进、慢慢成长,每天都向着自我希望的样子进步一点点,就是很幸福的过程。有了这样豁达的心理也就不会再担心现在的马虎、笨拙了,勇敢地改变起来,变得更细心点,变得更精深些,就好了。总之,每个人的未来都是可期的!

以上,就是我对"'刷题'对成长、对人生有什么价值"这一问题的一些看法。

话题 20　从高考成绩反思培训行为

　　这篇文章写于 2021 年高考之后，谈的是"培训"。现在回看，我还是认为有其实际的价值，便拿来与朋友们分享，算是对"'教育与学习'之于人"问题的另类回复。

　　2021 年高考分数出炉，开始进入志愿填报阶段。面对高考成绩，可谓几家欢喜几家愁。与往年的情况略有不同，本届学生是一拨几乎全员受到校外培训加持的孩子。从小到大，他们经历了大大小小的培训，体育、艺术、思维、数学、语文、外语、物理、化学、生物、地理、历史、政治……不胜枚举。在这样的培训中，孩子们有些慢慢找到了自己的节奏，走上了属于自己的学习之路；也有些始终迷信培训，认为培训是一个事半功倍的"万金油"，从而走上了放弃自主学习，主要依赖培训"喂养"的道路……

　　作为一个希望寻找"培训与高考成绩之间关系"的教育者，两年来，我有意识地关注了这拨孩子日常参与培训的情况，并在高考出分后做了进一步的"培训参与度—高考成绩"关系的简单分析，虽然这

"教育与学习"之于人

些分析数量有限且都相对主观,还未作置信分析,但根据我所掌握的"高考成绩及参与培训深度关系"的情况还是可以得出以下参考结论,记述于此,以作朋友们进一步考量之"砖"。

结论一:北京的高考命题总体确实很有水平,体现了国家制定的《中国高考评价体系》之原则与方向。对于迷信培训、仅针对应试的学习具有一定的打击效果,想要达到高考的极高分数段,需要孩子真正内化、自主地学习,单纯迷信培训补习是不行的。

结论二:培训对于高考分数提升是有一定作用的,尤其是对于高考成绩中高分数段的达成具有一定的价值,这一点可能也是由培训带来严重"内卷"的原因吧。因为高考录取是以排名为主要依据的,因此,如此的"内卷"只能带来总体分数的提升,但对于个体录取而言可谓"费力且低效"。

结论三:基于结论一和结论二,我们可以这样认为,培训资源并非不可用,但绝不能迷信,更不能依赖。培训仅仅是学习过程的一个辅助而已,真正有效的学习应该是"自己下功夫达成自主、内化的学习",这样的学习需要找到自己的需求和节奏,这样的学习必须是属于自己的学习。

最后,提醒如下:学习中,千万不要被别人(如培训)把你的全部时间和精力占满,要利用好手头的资源,给出自己足够充分的自主、内化、属于自己学习的空间!

话题 21　高中学习节奏：
用建造房子喻学习、复习与考试

作为高中生物学教师，回应高中学习节奏问题是我"传道受业解惑"的本职。本不想堂而皇之地放在"'教育与学习'之于人"的标题下，但实在是现实中不讲求学习节奏的现象太多。因此，最终决定写一篇常识性的文章分享给朋友们，希望对大家有所启示。

本文所提及的节奏仅针对普通高考的学习、复习和考试。作此文旨在提醒正在为高考做准备的同学们（尤其是那些"用提前学习的方式应对高考"的同学）：面对具有"天花板"上限的高考，须理性、科学地应对。

用下面的表格说明一下我的思考。

"教育与学习"之于人

阶段	建造房子的过程	喻高中学习、复习与高考	一般完成时段建议
1	建造毛坯房	对高中知识进行系统且完整的学习	高一 + 高二
2	对毛坯房进行装修	系统化的第一轮复习	高三前段(第一学期)
3	对装修好的房子做保洁	注重联系与变化的第二轮复习	高三中段(一模前)
4	在此基础上进一步精细保洁	查漏补缺式的第三轮复习	高三后段(一模到高考)
5	将完善、干净的房子交付使用	高考	高考时

在节奏上,如果以上1、2、3、4四个阶段恰恰在阶段5前不久刚好完成,这个节奏是合适的,状态也是最好的。但如果由于提前学习造成1、2、3、4阶段早早完成,那么就需要特别注意。因为高考本身有750分的总分天花板,且知识、能力、素养的考查选拔指向也是清晰明确的,所以对于早早达到较高学业成就的学生来说,由于已经具备"交付使用"(即参加高考)的能力,却又有较长一段时间的"等待",就很容易松懈,造成整体状态下滑,如果处理不当,可能在高考时就无法将最佳实力发挥出来。

针对这种可能,我给出以下建议以供参考。

一是将"毛坯房的建造过程"和"装修过程"拉长、做细,在更好地保障学习基础的同时,将节奏调整到合适的状态;

二是在早早完成"精细保洁"的前提下,继续每天都认认真真"收拾房子"(保持定力,维持热情,进一步用自己的方式精细且系统地再来复习一遍），防止已经完善、干净的房子落灰、陈旧，确保在真正交付使用时更加崭新、漂亮；

三是将自己的视野、格局放大，在高中知识学习的基础上进一步深化或拓展，让自己升维至更高的平台进行学习和探索。

总之，要让自己保持热情、保持自信、保持快乐。找到适合自己学习、适合自己面对高考的新节奏，防止"高考时无法将最佳实力发挥出来"的遗憾发生。

另外，也对那些按部就班准备高考的同学说一句：别慌，考前的100天，踏踏实实按照节奏好好"保洁"，不急不躁，不用太在意现在的过程性成绩。因为你的房子还需好好打扫一下，待到按节奏"保洁"后，完善、干净的房子自会在最佳时刻交付给你使用，美好就在不远的前方，加油！

话题 22　学习能力的基底层：阅读与表达

本书对学习能力的讨论可谓不厌其烦、角度多端，实因在我看来"'教育与学习'之于人"的核心落点就是"促进人学习能力的无限生长"。所以，请朋友们耐着性子来看看本篇对"学习能力的基底层：阅读与表达"的论述，也许会有一些启发。

作为教师，经常思考的，也是经常会被问及的就是学习能力的问题。尤其是在当前基础教育改革的大背景下，学习能力培养、评价可谓热点中的热点，学习能力也是我的教育理念中中观教育目标的一个重要组成部分。关于我的教育理念的宏观层次已在《平台教育理念：寻找并成就属于自己的人生》一书中做过系统阐述。关于平台教育理念"宏观—中观—微观"线索的描述在《从生命科学到触类旁通》一书中有详细说明，此处不再详述。

本文想就学习能力的基底层做一下分析。需要提前声明一下：此处所说的学习能力主要指向基础教育阶段、针对选拔评价而言的学习能力。

话题22 学习能力的基底层：阅读与表达

所谓"基底层"，是指本文所关注的"阅读与表达"这两个内容是当前所有可以被称为具体学习能力者的基础。之所以有这样的感受，原因有三：其一，当前中国高考评价体系所论述关键能力的"三个群"中（知识获取能力群、实践操作能力群、思维认知能力群），无论哪一个都涉及"阅读与表达"，可以说，"阅读与表达"是获得三个关键能力群必不可少的基础；其二，从近几年的高考试题的出题方向来看，真实情境下真实问题的分析、新信息的快速提取、知识体系重新建构后的解决与表达……这一切都离不开"阅读与表达"；其三，从过日子的角度讲，无论是现在还是未来，在纷繁的信息流中准确获得有效信息、准确理解所阅读文字（或所听信息）的中心思想、清晰明确地表达写作沟通交流……每时每刻我们都会用到"阅读与表达"（当然，生活中的"阅读与表达"的含义可以更加广阔，听、说、读、写等各种方式都可以纳入广义的"阅读与表达"范畴中）。

培养"阅读与表达"能力的关键在于实践，学习者的亲身参与至关重要，"绝知此事要躬行"这句话用在此处再合适不过了。通过不断地"试错—改进—再试错—再改进……"的螺旋上升方式，学习者才能有机会拥有充分的"阅读与表达"能力。基础教育阶段，教育者的指导对于"阅读与表达"能力的提升也是大有裨益的。教育者的主要价值有两点：一是帮助学习者积累各学科的基本常识，以促使学习者可以在"阅读与表达"实践时，获得"把握前提""理解定义域范畴""构建基本逻辑"等"阅读与表达"能力的基底层基础；二是提供充分且适宜的资源和机会，在学习者还没有自律能力的时候以他律

"教育与学习"之于人

的方式督促学习者使用资源和机会进行"阅读与表达"的实践（此处的阅读与表达指向广义的听说读写）。

总结而言，"阅读与表达"能力是广义层次的听得懂、读得明、说得清、写得透，这些能力是基础教育阶段学习能力的最底层基础，需要引起所有学习者和教育者关注。

"阅读与表达"能力培养的关键是实践，多听、多读、多聊、多写，主要依靠学习者本身的持续努力。

"阅读与表达"能力的培养，教育者需要做两件事，帮助培养"阅读与表达"能力的基底层、提供充分合适的资源与机会。

其实，将基础教育阶段指向的学习能力拓展开来，学习能力也好，"阅读与表达"能力也罢，均应该是终身学习的能力。可谓学无止境，可以一直螺旋式上升。所以，何时开始都不晚，持续努力最关键。

话题 23 "有前途"的基本素质

先界定一下本文"有前途"的含义。

"有前途"包含大家日常所说的"有出息""有未来"等意思,但它的含义要更深切、更广阔、更本质一些。其核心是拥有丰富、自洽、幸福的自我。所谓丰富,是指能够持续一生的改变能力,够感性、有热情、有行动力,能不断地突破信息茧房,让自我持续变化;所谓自洽,是指能够持续一生的思考能力,够理性、能探索、会不惑,能不断地将新的信息融入到自我的体系中,让自我持续知行合一;所谓幸福,是指持续一生的自我定义能力,人生中的感受本质上都是自我定义的结果,能够从更善意、更宏阔、更高维的层次认识世界、看待人生,让自我从容优雅、游刃有余。

之所以想聊聊这个话题,是因为最近在多个场合和不同的人交流了"未来人才的筛选与培养""当下'痛苦地卷'的现象和价值"等话题,觉得有必要把我自己的认识和想法进行梳理,以备进一步讨论。

"教育与学习"之于人

第一,"痛苦地卷"是一种被"裹挟+自我定义"的产物。之所以觉得痛苦,是因为所做之事并非所愿,甚至是被强迫所为;之所以认为卷,是因为所做之事不明所以、看不到方向,仅仅是无脑地盲从、被动地跟随。其实,从个人的角度来说,有想法、有兴趣并努力去实现自己的想法、努力去践行和发展自己的兴趣,无论多么艰辛都不会痛苦,因为这样的努力是自己所希望的;从人生的角度来说,能够真正进行比较的其实只有"今天的自己"与"昨天的自己"。因为,每个人都是独特的且都是终身发展变化的,一通比较造成的所谓"卷"简直就是瞎胡闹。在我看来,为了自己的所愿拼命努力是值得的,但这种努力不是被裹挟的被动盲从,更不是一种痛苦,而是一种欣欣然的幸福前行。

第二,判断一个人是否"有前途",我认为有三个标准,即兴趣、沉静全面的阅读、表达,同时具备这三个特征,这个人就会向着"丰富、自洽、幸福的自我"不断前进。

首先,兴趣是支撑自我的基础,一个人能够发现自己的兴趣是一件很重要的事,有了兴趣他/她才能拥有持续努力的欲望和行动,为了兴趣的努力一定不会是痛苦的。

其次,沉静全面的阅读是自我破除信息茧房、让自己有能力持续改变的基础。世界是丰富的,但个人是趋向简单化的,兴趣让自我有方向的同时也容易让自我建立信息茧房从而变得相对封闭。对于人生而言,不封闭的丰富至关重要,这是让自我自洽、不惑的基础,是通向自我幸福的重要途径。沉静全面的阅读是一种能力,更是确保自我

话题 23 "有前途"的基本素质

终身发展的保障。让心灵始终在路上,让自己始终有多个选择在眼前,让思维永远有不间断的发展,"从容优雅、游刃有余"就会时刻傍身。

最后,表达是保证自我社会性的基础。自我的建立与环境息息相关。通过表达,可以将自我外显出来,在交流中持续成长,在交流中融入社会并促进社会的丰富,与环境的交互也会更进一步促进自我的丰富、自洽、幸福。表达的方式没有限定,语言、文章都可,表达的范围没有限制,大群体、小群体都行,真正重要的是表达本身,"愿意表达、能够表达、进行表达"才是关键。

兴趣、沉静全面的阅读、表达的达成过程可借鉴我在《平台教育理念:寻找并成就属于自己的人生》一书中所论述的"释放—创建—自省"方法,此处不再赘述。

话题 24　从素质教育向素养教育进化

素质教育被正式提出应该是在 1993 年 2 月 13 日出台的《中国教育改革和发展纲要》中，文件明确要求，"中小学要从'应试教育'转向全面提高国民素质的轨道，面向全体学生，全面提高学生的思想道德、文化科学、劳动技能和身体心理素质，促进学生生动活泼地发展，办出各自的特色"。

作为针对应试教育存在的不足而提出来的素质教育，到今天已经经历了近 30 年的发展。以"全面提高全体国民素质，为每一个学生今后的发展和成长奠定坚实而稳固的基础"作为根本任务的素质教育时至今日都是具有启发意义的。而本文的观点是：素质教育的核心指向在当下世界的要求面前已经有些力不从心，我们应该及时更新思想，完成"从素质教育向素养教育的进化"。

之所以有这样的思考，原因如下。

一、素质教育指向天赋激发，素养教育指向后天培养

人的素质是一种"以先天禀赋为基础，在教育和环境影响下形成和发展起来的相对稳定的身心组织要素的总和"。关于素养，我们可以借鉴哈佛大学罗恩·理查德（Ron Ritchhart，2002）的工作成果，他对素养的定义是：一种后天行为模式，具有主观能动性，而不是被自动激活的。素养包含各类行为，而不是单一的某个行为。在特定情境发展过程中，它们是动态的、特殊的，而不是被严格执行的规定行为。比主观意愿更重要的是，素养必须与必要的能力结合，素养激励、激发与引导能力的发展。

通过对素质与素养定义的比较，我们不难发现，素质是以先天为基础，而"素养"更强调后天培养。目前神经科学方面的最新研究成果告诉我们，相比于先天素质，人的后天培养对脑的发展更具价值；当前社会科学中的各项统计结果也表明，人的后天培养无论是对个人成长还是对世界的贡献都比先天素质更具意义。

二、素质教育追求稳定且统一，素养教育提倡多元与创新

素质教育作为以"全面提高国民素质"为目标的基础教育，是凭借着人类历史上积累起来的优秀文化成果来形成学生的全面素质，发展学生健康的个性，这个过程必然要求教育的目标、内容、方式等相对保持稳定。素养教育是与个人能力提升紧密结合的，是充分激励、激发与引导能力发展的教育，它在统一的标准底线上更加关注个性化的发展需要，更加提倡多元，更加包容创新。

未来世界的发展需要稳定与统一，但更加需要有多元的方向和创新的突破。

三、素质教育强调打好基础、面向外来，素养教育强调应对变化、终身无止境生长

素质教育提出之时就是以中小学作为基点的。因此，发展至今，素质教育始终是在基础教育范畴内，它更加强调打好基础，以"画饼"的模式告诉学习者"打好基础就能更好地面向未来"。而素养教育关注于"学习者问题应对和解决的能力"，不再区分所谓的基础和未来，而是更多地强调"每个人任何时间、任何地点都需要有足够的本领应对变化，每个人的素养、能力都是可以通过终身学习不断成长的，这样的生长是没有限度的、是无止境的"。

面对未来，基础教育阶段的素质教育是有价值的，而指向"终身无止境生长"的素养教育更是必要的。

四、素质教育与应试教育对立，素养教育中应试是提升素养的手段之一

素质教育是针对应试教育存在的不足而提出来的，所以素质教育的着力点在某些方面对应试具有天然的不友好性，甚至抗拒性。但作为重要的评价手段，尤其是在我们这样一个人口众多且资源并不平衡的国家，考试具有极其现实的价值和意义。如何能够将人的终身、全面发展与即时性的考试评价相结合，使考试成为助力个人成长的有效

手段,是所有教育者必须面对的课题。素养教育为这个课题提供了解决的可能:第一,素养教育将人的后天持续性成长作为基本前提,这使得教育者在面对学习者时不再急功近利,因为他们知道,所有的学习者只要持续努力就一定会不断进步,这种努力和进步可以持续一生,不存在所谓"赢在起跑线""输在起跑线"的问题;第二,素养教育使得教育者更加关注教育的最终目的和价值,更加专注于帮助学习者成为幸福、独立的自己,帮助学习者有本领解释、解决当前遇到的状况,帮助学习者有能力应对整个生命中的各种问题,这一切都使得教育者更加注重学习者的学习过程,注重学习者对真实问题的解决,注重学习者在解决问题过程中形成基本概念或观念,注重学习者对知识、技能的理解和迁移,注重学习者的自我追求,注重学习者内生动力的持续获得;第三,素养教育不再排斥考试,应试作为一种必备能力被纳入到素养教育中,在素养教育中,以"素养进阶式形成"作为基本的评价指标,考试是阶段性检测的必要手段,通过对考试评价的系统化设计,使考试成为素养形成的量尺,为素养的进阶搭好脚手架。

五、素质教育窄化于基础教育阶段,素养教育则拓展到了全生命周期

素质教育的着力点在基础教育阶段,虽然它也关注人的未来发展,但是只强调打好基础对未来发展有价值,而并未对未来发展提供指导。相比而言,素养教育将着力点拓展到了全生命周期,包括全

生命周期的见识拓展、全生命周期的思维改善、全生命周期的能力提升、全生命周期的自我成长、全生命周期的全面发展、全生命周期的个性展现……基础教育阶段作为全生命周期中的重要组成，不可或缺，需要重视并给出系统化的设计和全资源的保障，但这个阶段也并不太特别，它只是一个人整个生命成长过程的一部分而已，对于全生命周期中的成长都需要重视，而非厚此薄彼。

话题 25　教育的中观目标："一观、一能"

2019年4月,《平台教育理念:寻找并成就属于自己的人生》一书出版,这本书代表着我作为教育者的"宏观"教育理念已然确定。在这个理念中,我将教育的宏观目标定位在了"人整个生命角度的自我实现"上。关于原因基础、逻辑架构、定义域指向等已写在书中,欢迎朋友们交流指正。

针对"人生整体"的教育宏观目标是可以给教育者提供方向并带来力量的,但对于较为具体的教育实施设计而言,宏观目标还是显得太过粗犷。为了更好地针对"一段时间"进行教育实施设计,我们需要在教育宏观目标的基础上进一步中观化。

不同人理解和描述教育的中观目标时用词会有不小的差异:有些人会用"素养"概括,有些人会用"能力"呈现,有些人会用"观念"总结,有些人会用"价值观"命名……但无论怎样,对于教育中观目标的指向都是"剥离(或者说遗忘)具体内容细节后留下来的东西"。我理解的教育中观目标可以概括为"一观、一能"。所谓"一

"教育与学习"之于人

观",具体指"生死观",即看待生死问题时(此处的生死问题既是指向自己的,也包括他人的),可以笃定、从容、优雅地面对之;所谓"一能",具体指"学习能力",即面对具体事务时(此处的事务泛指各种类型的具体事务和所需要解决的具体问题,既包括自己擅长的,也涵盖自己不会的),能够不避、不惧,善于通过快速学习以达成最佳适应状态。

生死问题可以说是困扰人类最核心的问题,也可以说是促进人类文明不断前行的根本动力,面对这个问题,无论是整个人类社会还是具体到某个个人,到目前为止都是难以逾越的。面对这个问题,不同时期、不同个体的认识和做法也是不同的:有些选择视而不见、避而不谈,有些选择奋起反抗、寻方觅法;有些选择转换概念、本末流转,有些选择变更视角、取博慰狭;有些为之玩世不恭、游戏人间,有些为之克己复礼、中规中矩……当然,这些认识与做法没有好坏之分,更没有高低之别,都是人们面对生死问题时追求"舒适"的尝试与努力而已。本质上讲,教育也是为了帮助人类"舒适"地面对这个终极问题而进行的有效尝试。无论是以经验传授为本,还是以实操执事为务,抑或是以新知探索为纲,教育最终的中观目标都是希望人能够拥有"舒适"的生死观,当面对生死问题时,于己于人而言都能达成笃定、从容、优雅的"舒适"状态。

学习能力是人类能够解决具体问题进而适应环境的核心,可以说人终身的教育和学习过程,其目的就是不断让自己拥有和提高这种能力,以保障自己在任何环境下都可以生存与发展。各种微观层次专业知识和技能的学习本质上都是在让学习者增加见识,从而达到提升学习能力的目标,以保障学习者在遇到新情景、新知识时可以不避、不惧,善于通过快速学习达成最佳适应状态,最终顺利解决所遇问题,完成具体事务的有效处理。大家可能注意过这样一种现象:很多人所做工作与大学时所学专业并不匹配,却做得非常出色。这就更进一步说明:一系列微观学习任务的完成,最终可以帮助学习者提升其学习能力,一旦学习者拥有了强大的学习能力,就可以在面对任何具体事务和问题时做到不避、不惧,游刃有余。

当然,"观"与"能"二者也并非割裂独立的存在,二者之间的互促关系显而易见。生死观的"舒话"与学习能力的持续提升可谓相辅相成,它们共同保障整个人生能够不断地螺旋上升,最终达成"人整个生命角度的自我实现"这一宏观目标。

话题 26　实现中观教育目标所需的基本素质

书接上文，本文探讨达成我所理解的中观教育目标所需的基本素质。

我所理解的中观教育目标可以概括为"一观、一能"。所谓"一观"，具体指生死观，即看待生死问题时，可以笃定、从容、优雅地面对；所谓"一能"，具体指学习能力，即面对具体事务时，能够不避、不惧，善于通过快速学习以达成最佳适应状态。

中观目标的达成肯定不是一蹴而就的，在追求中观目标的过程中也必然是千人千面且满路坎坷。因此，很难找到普世的方法和路径，也就更难设定出具体的微观目标系列与行动时间表。换言之，向着自我的中观教育目标努力任何时候都不算晚，行动上的任何方式方法也都不被排斥。

由于达成属于自我的中观教育目标并没有一定之规，因此，本文仅想对实现中观教育目标所需的基本素质做一探讨。我认为，无论个人选择怎样的路径达成自我的中观教育目标，以下三种基本素质都是不可或缺的：探奇、知耻、持恒。所谓探奇，通俗来说，就是有好奇心、有热情，能发现己所未知，愿努力澄己未明；所谓知耻，具体地说，就是能从多个角度理解人和事，能以欣赏的眼光看待别人（赏人之优），能用严格的标准审视自己（责己之过），能用行动力将自己的想法付诸实践并不折不挠地努力改进；所谓持恒，顾名思义，就是有认真、持久地努力的能力。

中观教育目标中的生死观，追求的是通透、平静，想要达成之，或可通过宗教式的信仰，或可通过宏阔、广博修为后的参悟。宗教式的信仰获得大多数情况下不太需要拥有良好的学习能力，反之，宏阔、广博修为后的参悟就必须拥有良好的学习能力。因此，我所理解的以"一观、一能"作为落点的中观教育目标，指向的一定是在拥有良好学习能力的基础上通过宏阔、广博的修为获得属于自我的生死观。从这个意义上的中观教育目标出发，"探奇"的素质支撑了对宏阔、广博的追求，知耻的素质保障了修为的方向与行动力，持恒的素质确保了学习能力的持续提升及生死观的最终参悟。

由此，我认为，探奇、知耻、持恒是达成中观教育目标乃至宏观教育目标不可或缺的基本素质。

话题 27　人要有"欲望自信"

我提出一个新词——"欲望自信",和大家进行交流。

之所以提出这个词是因为最近在与孩子们的交流中发现一个问题:当孩子想到未来、想到自己的欲望时,总是先以否定和不自信的状态面对,总是需要从历史数据和与别人的比较经验中获得安慰。比如面对中高考,明明每个孩子都有自己的愿望和期待,但总是先想到困难重重、实现无望,然后赶紧询问历史数据,当得知历史数据还不错时,会获得些许安慰,而后就又觉得自己力量不足,不知所措了。

我把这种状态称为缺乏"欲望自信"。有"欲望自信"的状态应该是有欲望、有期待、有要求,并且针对这些欲望、期待、要求有敢于尝试、犯错和改正的勇气及对未来舍我其谁的自信。

很多人可能会说,想要有这样的自信必须得经历连续不断的成功体验才行。对于"即时自信"(对当下状态的自信心)的获得,我同意这种说法,但对于"欲望自信"的获取,我认为并不完全取决于过去成功经验的加持,更多的应该源于一个人内心对世界未知风险的基本认识和态度。未来是未知的，欲望的达成与否也是未知的，因此，如果我们惧怕未知，总是让对未知想象出来的失败占据心灵，自然而然地也就丧失了"欲望自信"，甚至慢慢地会丧失有欲望、有期待、有要求的兴趣和勇气。那么反过来讲，如果我们不惧怕未知，面对未知总有充满热情的尝试欲望，总让想象出来的达成所愿的期许引导我们攻坚克难，那么"欲望自信"必然唾手可得！

当然会有人担心，按照上述做法，我们会不会成为走向极端的"自大狂"？在我看来，在自己的世界中，成为"自大狂"又如何呢？人作为渺小的生命体，有一些属于自己的宏大愿望，有一些能让自己义无反顾的追求，难道不是挺美好的吗？管他最终是否真的能够实现，努力去做就行了！

基于以上想法，我想送给还没有"欲望自信"的孩子们以下几句话，供大家思考和实践。

孩子，无论你愿意不愿意，未来与欲望都在那里，为何不豁达一些，坦然以对呢？

孩子，无论你乐意不乐意，自己的期待都是存在的，为何不勇敢一些，直面以对呢？

孩子，无论你高兴不高兴，事情都摆在那里，为何不热情一点，勇敢地试一试呢？

孩子，无论你接受不接受，结果都有多种可能，为何不努力一把，让事情向自己欣赏、期望的方向前进呢？

孩子，无论你喜欢不喜欢，时间都会向前推进，为何不自信一些，舒适地接受你的欲望，积极地享受现在，无畏地迎接未来呢？

　　孩子，不用和别人比，你就是你，独特且无人可以替代。在自己的道路上奋勇前进就行，偶尔看看别人，也只是善意地抱着欣赏的态度知道有同行人即可，清除恶意、去掉竞争与妒忌的汲汲营营，找到属于自己的欲望，管理好自己的期待……

话题 28 "律"之思

这是一篇我写于 2021 年的仿古小文章，也是因为指向解决真实的问题，自觉与标题"'教育与学习'之于人"有一定的适切性，所以拿出来放在此处，希望能给朋友们一些启示。

"律"者，"按约定（特定）条件限制以做事有度"也。之所以在距离高考还有 100 天之际提及此字，实缘于据二事之思：其一，豆儿面对手机之诱惑，极愿倾心治学时却发"我实在是忍不住啊"之慨；其二，最近多次校内会议反复提示自主与自律之辨。

有向学之意，有勤勉之心，却无法抵御诱惑，易随波逐流。可谓"有自主之愿，无自律之行"，此需他律以规，以助其实现自律之能；无向学之意，又无勤勉之心，临诱惑欣然往之，乐不思蜀，可谓"既无自主之愿，又无自律之行"，此需引之以自主，督之以他律，导之向自主且自律前行。

今之少年，因父严母慈之故，自主之意愿渐消，即或拥自主之愿，自律之能亦不足够，此可谓教育长期内卷之重要原因。教者常深痛且无奈。

为今之计，抱主律双自之的，行他律督导之能，唯愿今后少年深体师之良苦用心。

至于自主、他律、自律施行之细则及其度之拿捏、个体之区别、环境之影响等均需慢慢体悟，容待探索之后以经验之谈列举之。

话题 29　培训与教育生态

　　本篇文章写于 2020 年，先于话题 21 所讨论的"培训行为"，故把它放在比较靠后的位置，希望与朋友们共同探讨，因为本篇中提出的一些疑惑至今仍然颇具现实性。

　　今日所撰文字完全基于疑惑，到目前为止我的内心还没有明确的答案和笃信的观点，于是陈列于此，以期彰其于众共思论之。

　　疑惑源于对孩子、对教育、对未来的焦虑，疑惑源于陪准初中的儿子上培训课以及大量准高三孩子咨询假期报班补课事宜。在疑虑与矛盾、对抗与无奈的交织中，有些不知所措⋯⋯

　　从来没有太关注课外培训的我们由于孩子即将升入初中而发生了改变。从 8 月 3 日开始，妈妈开始全程陪伴孩子参加培训课程，至今已历 3 日。说实话，校外培训的课程做得真是"精致"：流程标准化（摸底、讲解、检测、总结、反馈，摸底、讲解、检测、总结、反馈⋯⋯）；目标明确化（完全精准对接现行考试，可以说考什么就讲什么，考什么就练什么）；知识核心化（指向考试需要的具体知识，

"教育与学习"之于人

构建核心知识框架，但对知识的生成逻辑及来龙去脉不太关注）；能力模式化（通过反复讲解、不断强调，甚至汇编成顺口溜等方式确保学生有能力应对所学考试内容，但对综合能力培养及能力循序渐进增长规律等问题关注不多）。如此"精致"的培训课让我这样的专业教师都不禁汗颜。

我们深知，这样的"精致"对于考试成绩的提高而言一定是有效的。如果仅仅以考试成绩提高作为培养孩子的目标，那么这样的"精致"无可厚非。但问题来了，从教育的角度思考，我们培养孩子的目标是什么呢？在现行教育制度、选拔规则的制约下，考试成绩肯定是目标，如果连这块敲门砖都拿不到就会失去在规则下接受良好教育的机会。但如果仅仅以考试成绩作为唯一目标，是不是又太过狭窄了呢？且不论是中考还是高考都有"天花板"（考试要求的知识量总是相对有限且固定的，就考试而言，所有的"提前学"最终所造成的结果都是早早在"天花板"处原地踏步等待），就以生命的多姿多彩而言，三年或者六年的时间都只用来折腾考试成绩，从感情上也会让我们觉得是有些浪费的。可惜，感情上的感觉是无法帮助我们找到目标的，"见识""素养""学习能力""为人处世德行"等耳熟能详的目标又太过虚幻而不可即时测量，不知所措的家长和孩子只能最终将目标定位在可测量的考试成绩上，更何况考试成绩的提高在某种程度上也可以认为是一种见识的增加和学习能力的提升。可能正是因为这样的思考（成绩"敲门砖"也是教育目标之一、成绩是可测量监控的、成绩提升也可以反映能力的提升），让当今的绝大多数孩子和家长最终将目光死死盯在成绩提高这一点上。这样的风气造就了培训机构的市场火爆，也构建了当今的一种教育生态：在这样的教育生态中，所有人都以提前学而更早地让成绩到达高点为荣；在这样的教育生态中，由于剧场效应的关系所有人都不得不对"精致"的课外培训趋之若鹜；在这样的教育生态中，最终选择出来的都是那些特别会考试、特别能够将已有结论很好地记住并应用的优秀劳动者；在这样的教育生态中，探索知识逻辑、深究来龙去脉、思考创新突破的能力慢慢被缩小，最终造成在未来不断有人发出"钱学森之问"。

培养不出杰出人才的原因真的只是在学校吗？按照前面的逻辑，看来是不尽然的。以中学学段为例，如果有兴趣，大家可以去看一看国家的课程标准，在课程标准中，目标除了知识之外，更有明确的能力、素养和德行，不但如此，在课程标准中还规定了具体培养路径，如果按照课程标准的提示所有学校都能够笃行不悖，未来还是很有希望的。但可惜的是，由于人才选拔规则的制约，即使是最优秀的学校，也只能在初一、初二、高一、高二尽量按照标准的提示进行教育，到了初三、高三就不得不回归到以考试成绩为重点目标的教育中。再加上焦虑的家长和孩子们早早地进入社会的各个培训系统中，更是让很多人对优质的学校教育产生不屑情绪，甚至有学生和家长在不断的比较中要求学校按照培训的模式进行教学和教育，这也是当下那些培训式学校大火的原因之一吧。

规则、焦虑、盲目共同造就的教育生态催发了"钱学森之问"，这也是我的疑惑所在。面对疑惑，我的心中还没有明确的答案和笃信的观点，只有一些模模糊糊的想法列述于下。

第一，追求成绩无可厚非，当下条件下，借助"精致"的培训力量也不无必要，但不能盲目，需要根据自己的情况进行设计和选择。

第二，知识的学习、能力的培养、素养的提升并不冲突，都需要在长时间的学习过程中进行体悟和理解，灌输式的总结不推荐用在初学阶段，以上所有都应该让孩子在学习的过程中慢慢体会。

第三，应该注重通过探索逻辑、深究来龙去脉、思考创新突破等过程学习相关知识，以知识为载体提升思维能力；以思维为基础理解体悟知识的含义与逻辑，学习新知时不推荐只是采用"精致"的培训方式。

第四，如果需要，"精致"的培训方式也可以用于知识的复习和考试的准备等过程。

其实，即使经过思考，写完以上文字之后，我的疑惑依然存在……

话题 30 关于"自洽"

这是我阅读南怀堇先生《中国文化泛言》之后写的一篇读后感，但却让我感觉找到了教育追求的真谛，也算是从个人角度对"'教育与学习'之于人"问题的一种回答。

我一直在思索一个问题，就是"人到底在追求什么"。人生短短数十年，无论是对物质的追寻还是对精神的求索，从目前的研究成果进行思考，最终都会归尘于"宇宙规律"（可见四维空间中的量子熵增），如是思想，会很容易使人陷入极端（或消极或激进）的泥沼中无法自拔。

在明明知道结局的人生中，人的生命、人的生活到底在追求什么呢？经过认真而艰苦的思考后，我给出的答案是"自洽"。人在整个人生中所不断追求的应该是"自洽"，也就是追求一种在任何时候都能够按照自我逻辑进行推演而不悖的舒适状态。说得再简单些，人在整个生命中一直都在追寻"种种解释自己之所以要这样的合理理由"。这也是心理学中所谓"承诺和一致原理"的产生原因。换言之，追求

"教育与学习"之于人

"自洽"是被自然选择积累下来的人类本能。在这样的本能驱使下，人可以在明明知道结局的人生中，创造出各种各样的精彩，人们欣赏自己创造出来的这些精彩，更享受着创造这些精彩的过程。

"自洽"给了每一个人生命的动力和意义，也给了整个人类社会以秩序和希望。面对生命过程中出现的林林总总的事物和状态，人总要或设计、或操作、或放弃……但无论怎样，人都需要给自己一个能够说服自己的理由，如果这个理由只能说服自己，那么这样的"自洽"就是一种自我；如果这个理由能够说服更多的人，那么这样的"自洽"就成了规则；如果这个理由能够在一定的时空范围内说服所有人，那么这样的"自洽"就成了这个时空范围内的真理。所以，"自洽"其实不单纯是对人类个体本身而言的，更是人类社会和人类世界的追求目标。也正是在追求让我们舒服的"自洽"中，人类社会在不断前行，人类世界在永恒无止……

于个人而言，"自洽"的获得并非难事，因为个人总会依据"承诺和一致原理"为自己找到不违逆、不背驳的理由，但于人类群体而言，"自洽"的获得就变得艰难起来。形形色色的个人组成人类群体，想要统一每个人的"自洽"关注或给予群体中每一个人以一种统一的"自洽"原则，显然并不容易，这应该就是教育、法律、道德、文化等被"发明"出来的原因吧。通过群体的探索、经历，寻找在一定时空范围内适用的"自洽"原则（这些原则就是法律、道德、文化等的发端），然后再把这些"自洽"原则通过群体学习的形式传达给群体中的每一个人，帮助他们把这些群体"自洽"原则内化为个人"自洽"原则的一部分（这个过程就是教育的来源）。随着人类世界的发展，"自洽"的原则也会不断发展、变更，但总体的目标始终不变，即追求舒适的逻辑。就这样，追求"自洽"也就成为整个人类社会、人类世界的共同努力方向……从这个角度来看，人类社会的历史，也就变成了一部寻求"自洽"的发展史。思及此，我有了一种豁然开朗的"自洽"之感。

最后，希望我们每一个人都能找到属于自我的人生"自洽"，也希望我们的世界能够发展出更好、更舒适的"自洽"，让每一个人都能够"自洽"而愉悦地享受生命……

话题 31　教育的目的与教育现代化

　　本篇算是从学校（中学）教育角度对"'教育与学习'之于人"问题的一种回答，也是对我下一本探索"学校组织层面"的作品——《现代化学校教育生态建设》的开启。

　　不同的人对教育的理解会有不同，为了更好地说明我的观点，首先请允许我根据自己多年教育实践的体会和感受对"教育"下一个定义："教育是一种从守成到创造的目的性艺术过程。"作为影响人的身心发展的社会实践活动，教育的目的性不言而喻；进一步从人的主体性与社会性角度思考教育，从"守成"的经验积累与传承，到"创造"的生发与创新，教育的本质就是为了促进人以"守成→创新"的模式不断螺旋上升发展的，在这个过程中人会不断追求并实现自我的人生价值与社会价值；之所以把这个过程称为"艺术"，是因为教育的过程是一个没有止境的、追求极致的过程。

　　按照当代教育哲学家格特·比斯塔的观点，教育的目的可以分解为三个不同（但相关）的功能：资格化、社会化和主体化。其中，主体化是更为本质的教育目的，从这个意义上来看，将教育界定为"**教育是一种从守成到创造的目的性艺术过程**"也是合适的。

说罢教育与教育的目的，我们再来聊聊教育现代化的问题。

不同的时代对现代化的内涵理解也有很大不同。作为具有时代性的人类共识，现代化可以被看作每一代人在总结过去的基础上对美好的归纳与演绎，以及对未来的憧憬。无论不同时代的内涵有怎样的不同，总体来看，现代化都包含"社会的现代化"和"人的现代化"两个层面的内容。其中，"人的现代化"是现代化的本质，"社会的现代化"是现代化的归宿性表现，"社会的现代化"与"人的现代化"互为基础、相互依存且螺旋式上升发展。

教育现代化是"社会现代化"的重要组成，更是促进"人的现代化"的重要手段。按照格特·比斯塔的教育目的指标，我们可以把教育现代化的功能指向为：以高效促进人的主体化为核心，同时兼顾促进人的资格化与社会化。这样我们就抓住了教育现代化的本质，即人道性与可持续发展性。关怀人、爱护人、尊重人，以人为本、以人为中心的教育观是教育现代化人道性的重要特征；培养人的元学习能力、发展人的思维与创造性、关注人的终身学习素养、提升人的道德水平与人道精神、促进人的终身持续幸福是教育现代化可持续发展性的重要特征。换言之，现代化教育可以理解为以人道性为核心，促进人终身可持续发展的教育。

教育现代化的实现是一个系统性工程，学校既是该项系统工程不可或缺的组成部分，又是教育现代化实现的重要抓手。可以说，学校

"教育与学习"之于人

教育现代化建设是教育现代化的重中之重。下面,梳理出学校教育现代化建设的九个方面内容(或称为助力学校教育现代化的九个突破口),为进一步推进学校教育现代化提供方向(每一方面内容都很值得深入研究、探讨,由于篇幅所限,此处仅摘要列出,以抛砖引玉)。

一是建立完备的学校现代化治理制度体系;

二是建立以研究为基础的智库体系,助力学校的科学决策与创新发展,促进学校教育现代化发展;

三是建设现代化教师队伍,助力学校教育现代化;

四是建立系统化育人育才素养教育体系,助力学校教育现代化;

五是创建多层次、个性化、灵活开放的学习模式,助力学校教育现代化;

六是构建中外教育交流合作的现代化模式;

七是以信息化助力学校教育现代化实践;

八是多层次、全过程、多形态推进校园文化建设,助力学校教育现代化;

九是注重教育资源的融合与辐射,助力学校教育现代化。

注:本文仅为提纲挈领的思考,所提及的名词、概念及观点容后(下一本探索"学校组织层面"的作品)做进一步的详细阐明。